Kay Schaefer

Ruhe in der Rastlosigkeit

Edition BOD

Bücher für Entdecker
Die Books on Demand GmbH bietet Autoren durch die Zusammenführung von neuer Drucktechnologie und klassischen Vertriebswegen eine moderne Verlagsplattform zur Veröffentlichung ihrer Werke. Viele Debütanten, etablierte Autoren und engagierte Verleger nutzen den Publikationsservice von Books on Demand und bereichern den Buchmarkt mit vielfältigen und individuellen Titeln. Mit der »Edition BoD« hat BoD eine Reihe ins Leben gerufen, in der herausragende Neuerscheinungen einen besonderen Platz finden. Lesen Sie selbst, welche Entdeckungen das Programm von Books on Demand möglich macht.

Mehr Infos auch auf www.bod.de.

Bibliografische Information der Deutschen Bibliothek:
Die Deutsche Bibliothek verzeichnet diese Publikation in der Deutschen Nationalbibliografie; detaillierte Daten sind im Internet über <http:s/dnb.ddb.de> abrufbar.

Umschlagzeichnung: Abushariaa Ahmed Mohammed, Sudan, Untitled, 15 x 15 cm, Mixed Media
Herstellung und Verlag: Books on Demand GmbH, Norderstedt
ISBN 3-8334-2268-8

Inhalt

Köln
Nord
Atlantik
Genua
Strasse v. Gibraltar
Rotes Meer
Mali
Sudan
Burkina Faso
Benin
Togo
Ghana
Kenia
Indischer
Ozean
Süd-Atlantik

Für meine Eltern

Prolog

Aufgeregt bin ich schon, und wie! Vor der Ausstellungseröffnung laufe ich über die Südbrücke auf die rechte Rheinseite, dann stromabwärts über die Poller Wiesen. Der Rhein hat Niedrigwasser. Erst kurz vor der Severinsbrücke bleibe ich stehen. Köln am Rhein, die Auen, der Wind in den Pappeln und Weiden, die Molen, auf denen ich den Strom beobachte und begleite. All dies ist mir so vertraut. Hier habe ich meine ersten Wurzeln geschlagen und nach vielen Jahren im Ausland meine Heimat wiedergefunden.

In zwei Stunden soll die Vernissage von Abushariaa eröffnet werden. Dabei habe ich den sudanesischen Maler vor einem Jahr noch gar nicht gekannt. Die ehemalige Strohhutfabrik im Kölner Stadtteil Sülz ist ein idealer Rahmen für diese Ausstellung. Ein Glasdach lässt natürliches Licht durch den großzügigen Raum strömen.

Die Vernissage ist gut besucht. Ich habe so etwas noch nie gemacht und bin deshalb auf die Resonanz des Publikums stolz.

Ich stelle mein Rotweinglas auf einen wuchtigen Klavierflügel. Zur Rechten steht der hagere, groß gewachsene Botschafter aus dem Sudan, und zur Linken der Künstler. Abushariaa sieht elegant aus. Sein weißer Galabia – das traditionelle, sudanesische Gewand –, reicht bis zu den Füßen. Das braune Gesicht hat edle, weiche Züge. Ein weißer Turban schmückt seinen Kopf. Man muss ihn nicht weiter vorstellen, denn er fällt unter all den Gästen durch seine Aura auf.

Ich erzähle in der Begrüßungsrede von meinem langjährigen Interesse an der zeitgenössischen afrikanischen Kunst. Mich interessiere die Gegenwart Afrikas und im Besonderen die Auseinandersetzung der Künstler mit ihrer Kultur, ihrer Religion und der Welt von heute.

Abushariaa habe ich in Nairobi kennen gelernt, wo er seit einigen Jahren im Exil lebt. Seine Aquarelle und Ölbilder sind geprägt von nubischen Symbolen, arabischer Kalligrafie und islamischen Ornamenten. Sie gefielen mir auf Anhieb. Spontan entschloss ich mich, für ihn diese Ausstellung in Köln zu organisieren.

Ich spreche auch kurz über die alte nubische Zivilisation im Sudan und vom Ursprung der Menschheit in Ostafrika. Während ich davon erzähle, wandern meine Gedanken wieder nach Afrika.

Zwei Tage später sind die Koffer gepackt und die letzten Telefonate geführt. Abschied für längere Zeit von meinen Freunden und Verwandten. Das Taxi würde mich in einer halben Stunde abholen und zum Flughafen bringen. Ich habe einen Nachtflug nach Afrika gebucht, in den Sudan. Ich nutze die letzten Minuten und setze mich kurz vor Sonnenuntergang auf meine Dachterrasse und trinke ein Bier.

Das Abendflugspiel der Mauersegler ist in vollem Gang. Elegant und pfeilschnell schießen sie durch die Häuserschluchten. Dabei ist ihr durchdringender schriller »Srie … Srie … Srie …«-Ruf weithin zu hören. Ich habe sie bis vor Kurzem gar nicht bewusst wahrgenommen. Ein Freund hatte mich vor ein paar Wochen auf die Zugvögel aufmerksam gemacht, als er von ihrem Flugverhalten erzählte. Diese faszinierenden Geschöpfe mit den rätselhaften, dunklen Augen und schmalen, sichelförmigen Schwingen verbringen nahezu ihr gesamtes Leben im Flug. Unter allen Vogelarten der Erde ist der Mauersegler diejenige Art, die am extremsten und mit äußerster Perfektion an den Luftraum angepasst ist. Aber noch viel erstaunlicher ist die Tatsache, dass sie jedes Jahr Ende April aus Afrika nach Mitteleuropa kommen und nach der Brutzeit im August wieder nach Afrika fliegen. Seitdem schaue ich mir die »Kollegen« genauer an, wenn sie in einem Höllentempo über meiner Dachterrasse in der Kölner Südstadt ihre Runden ziehen. Von hoch oben stürzen sie sich in den Innenhof, mal mit und mal gegen den Uhrzeigersinn, drehen und wenden sich, wie auf einer Achterbahn, unaufhörlich und immer wiederkehrend. Ich war von den Flugleistungen und dem damit verbundenen Orientierungs- und Zeitgefühl so begeistert, dass ich weitere Unterlagen über die Flugroute der Mauersegler bei einem Vogelverein anforderte. Ich wollte wissen, warum Mauersegler zwischen Afrika und Europa hin- und herfliegen. Ist es allein ein innerer Trieb? So wie bei mir, der ich in periodischen Abständen zwischen Europa und Afrika pendele. Auch in mir regt sich eine »Zug-Unruhe«.

Sudan

»Wenn du für dein Glück sorgen willst, ändere oft den Aufenthalt. Stehendes Wasser wird faul.« Afrikanisches Sprichwort

Die Rolltreppe setzte an die Sudan Airlines-Maschine an, die Tür öffnete sich, und ein Schwall trocken-heißer Luft empfing mich am späten Abend auf dem Flughafen von Khartoum, der Hauptstadt Sudans. Ashraf, ein Freund von Abushariaa, holte mich in seinem gelben Taxi vom Flughafen ab. Plastikgoldkettchen und bordeauxfarbene Teppiche schmückten den Innenraum seines verbeulten Peugeot, der sich langsam seinen Weg durch die sandigen Straßen von Khartoum bahnte. Es war stockdunkel und an eine Orientierung nicht zu denken. Im Bewusstsein, einen Freund von Abushariaa neben mir zu haben, gab ich mich der Situation hin. Die ersten arabischen Worte durchtränkten unsere englische Unterhaltung: Al'salam aleikum, Al'hamdulillah, und immer wieder Inshaáallah. Die afro-arabische Welt hatte mich wieder. Die Familie von Ashraf – seine Mutter, drei Schwestern und vier Brüder – empfing uns, als wir gegen Mitternacht die Lehmhütten erreichten. Der Innenhof war von hohen Lehmmauern umgeben. Nachdem mich alle begrüßt hatten, verschwanden die Frauen in der Küche. Ich wechselte meine Kleidung gegen einen weißen Galabia und trank mit den Männern Tee. Sie wollten alles über Abushariaa wissen. Natürlich auch über mich. Ob ich verheiratet sei, wie viele Kinder ich habe, welcher Religion ich angehöre ... Aus Anstand beantwortete ich, so viel ich konnte. Aber schon bald übermannte mich die Müdigkeit und Hitze, und ich war froh, als Ashraf mir meinen Schlafplatz im Innenhof zeigte. Die Luft war sehr trocken. Ich cremte mir die Lippen ein und legte ein nasses Halstuch über Mund und Nase. Auf einem rostigen Bettgestell schlief ich unter dem funkelnden Sternenhimmel ein.

Der Gesang des Muezzin einer nahe gelegenen Moschee weckte mich. Es war noch dunkel und angenehm kühl. Ashraf lag unter einer beigefarbenen Decke auf seinem Bettgestell. Mit der Taschenlampe suchte ich den Weg zur Latrine, die man in die äußere Ecke des Grundstücks gebaut hatte.

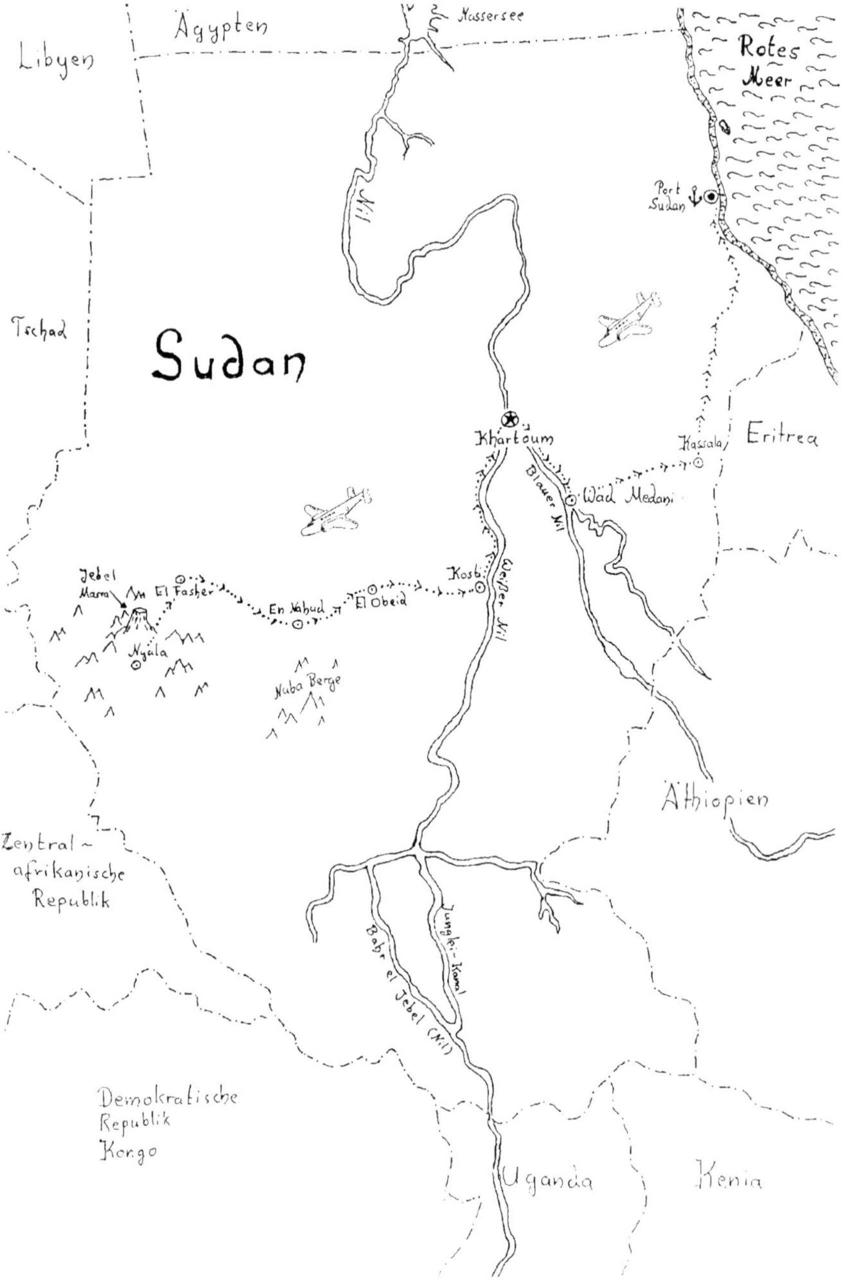

Libyen
Ägypten
Nassersee
Rotes Meer
Nil
Port Sudan
Tschad
Sudan
Khartoum
Kassala
Eritrea
Wäd Medani
Blauer Nil
Jebel Marra
El Fasher
En Nahud
El Obeid
Kosti
Weißer Nil
Nyala
Nuba Berge
Äthiopien
Zentral-afrikanische Republik
Jungle-Kanal
Bahr el Jebel (Nil)
Demokratische Republik Kongo
Uganda
Kenia

Zwei Kakerlaken liefen über meine Füße, als ich in die Hocke gehen wollte. Ich war wieder in Afrika. Ich schlurfte in meinem langen Gewand zum Bett zurück. Der Morgen brach langsam durch. Ich genoss es, mit mir alleine zu sein und den Gedanken freien Lauf zu lassen. Warum hatte ich so großes Interesse, in den Sudan zu reisen? Es drängte mich zu wissen, warum Abushariaa in seinen Bildern nubische Symbole und islamische Ornamente malte. Was bedeutete die arabische Kalligrafie? Und ich wollte die Wüste sehen, die in seinen ockerfarbenen Aquarellen eine Sehnsucht nach Weite in mir ausgelöst hatte. Darüber hinaus verspürte ich wieder Reiselust, in fremde Länder und Kulturen einzutauchen. Diese unendliche Neugier hatte mich schon in der Schulzeit angetrieben, als ich mit meiner Familie durch Indien, Marokko, Griechenland und die Türkei gereist war.

Port Sudan ist eine marode Stadt am Roten Meer. Es war heiß und feucht. Das T-Shirt klebte schon morgens am Körper. Ich fühlte mich träge und apathisch. Nur die Klimaanlagen in den besseren Hotels sorgten für Abkühlung, wenn nicht wieder der Strom ausgefallen war. Das Leitungswasser und Benzin waren schon länger rationiert. Eigentlich unverständlich, denn Saudi Arabien liegt auf der anderen Seite des Roten Meeres. Unser Taxifahrer Salah hatte einen silberfarbenen Schnurrbart und einen Turban, dessen Ausläufer elegant sein Gesicht umhüllte. Nur die Augen und die Nase blieben unverdeckt. Ich saß mit Ashraf auf der hinteren Sitzbank, den Blick auf die vor uns liegende Asphaltstraße gerichtet. Es war die Küstenstraße nach Suakin. Einst war Suakin eine blühende Hafenstadt und wichtiger Ausgangspunkt für die Pilger nach Mekka. Doch die Stadt hatte in den letzten Jahrhunderten gelitten. Kriege und die salzige Luft des Roten Meeres haben den Muschelkalk der orientalischen Häuserfassaden zerstört. Es roch nach verfaultem Fisch. Ausgemergelte Katzen kauerten unter Fischerbooten. Im Schatten eines heruntergekommenen Lagerhauses ruhten wir uns über die Mittagszeit aus. Die Brise vom Meer sorgte für ein wenig Abkühlung. In einem Zustand leichter Lethargie blätterte ich in einem Buch über Arthur Rimbaud. Es handelte von dem Leben des französischen Dichters, der mit 17 Jahren seinen Zenit in den Prosastücken »Illuminationen« und »Ein Aufenthalt in der Hölle« erreicht hatte. Nachdem er sich mit diesen und anderen Meisterleistungen die Seele aus dem Leib geschrieben hatte, durchlebte er eine Odyssee. Er war auf fast allen Kontinenten anzutreffen, immer rastlos, bis er auf Umwegen den afrikanischen Erdteil erreichte und dort versuchte, ein normales Leben zu führen.

Ich schaute in den Dunst und malte mir aus, auf der anderen Seite des Roten Meeres die Hafenstadt Aden zu erkennen, in der Rimbaud einige Jahre als Kaufmann gelebt hatte. Was war in Rimbaud vorgegangen? Warum hatte er mit nicht einmal 20 Jahren die Dichtkunst aufgegeben? Musste er durch die Welt irren, um seine Kreativität wiederzufinden? Henry Miller hat einmal über Rimbaud geschrieben:

»Mit der Veröffentlichung von »Ein Aufenthalt in der Hölle« findet eine lange Periode voller Enttäuschungen ihr Ende. Dieses Buch ist das letzte Wort der Verzweiflung. Es gab ihm die Möglichkeit, das Tor zur Vergangenheit zu schließen und sie durch eine Hintertür wieder zu betreten. Das bohrende Geheimnis frisst sich weiter, aber jetzt ist es ein offenes Geheimnis, und so kann er ihm Trotz bieten. Und was ist das Wesen dieses Geheimnisses? Es hat mit der Bindung zu seiner Mutter zu tun. Seine ganze Rebellion sollte nur Staub in die Augen streuen, diese Bindung zu verbergen. Er muss mit seiner Mutter ins Reine kommen, bevor er sich vom Albtraum der Fesseln befreien kann. Von den Anforderungen der literarischen Welt kann er sich befreien, doch niemals von der Mutter. Warum vergaß er sie nicht wie alle anderen? Offenbar ist sie das Verbindungsglied zur Vergangenheit, auf das er nicht verzichten kann. Sein Vater hatte die Wanderlust ebenfalls im Blut. Gerade als Rimbaud geboren war, zog er für immer von dannen. Doch der Sohn, mag er auch noch so weit wandern, kann diesen Bruch nicht vollziehen. Und so wandert er durch Europa, Asien und Afrika. Er schreibt seine Träume nicht mehr nieder. War die Tat der Ersatz? Eins ist gewiss: Er kannte keine Freude. Er war immer noch ein Besessener, ein Getriebener. Er ist ganz Energie, aber ihm eignet nicht die Energie eines Menschen, dessen Mittelpunkt zur Ruhe gekommen ist.«

In diesen Worten sah ich auch Parallelen zu meiner Vergangenheit. Nach der Scheidung meiner Eltern, ich war damals drei Jahre alt und meine Schwester zwei, verschwand mein Vater aus unserem Leben. Meine Schwester und ich sahen ihn nur noch sporadisch. Er fehlte uns im Alltag als männliche Bezugsperson. Wir wuchsen bei unserer berufstätigen Mutter auf, die zwangsläufig auch die Rolle als Ernährerin und

Autoritätsperson einnahm. Hatte dieses weibliche Übergewicht in meiner Kindheit dazu geführt, vor meiner Mutter zu fliehen, um nicht mehr an sie gebunden zu sein? Und lag der Ursprung meiner Rastlosigkeit nicht auch in der Suche nach meinem Vater? Waren das illusorische Gedankengänge in der tropischen Mittagshitze oder doch pochende Schläge aus meinem Unterbewusstsein, die ins Bewusstsein drängten?

An meine Kindheit kann ich mich nur vage erinnern. Unangenehme Erfahrungen, die mit Schmerzen verbunden waren, hatte ich verdrängt. Vor allem in Träumen und Zeiten der Ruhe und Muße kamen viele Bilder verschwommen wieder. Als würde ich in einem großen Haus leben, in dem die Stockwerke lichtdurchflutet, weit und hell waren, der Keller aber verschlossen und dunkel blieb. Nur ungern wagte ich es, den Schlüssel der Kellertür umzudrehen. Die Angst, in alte Zeiten hinabzusteigen, war sehr groß. Mir wurde jedoch immer bewusster, dass ich diesen dunklen Bereich meines Lebens nicht ignorieren konnte. Solange ich nicht mit der Vergangenheit in Frieden lebe – und da schließe ich die Kindheitserfahrungen und das Verhältnis zu meiner Mutter und meinem Vater mit ein – würde ich im Leben nicht frei aufspielen können. Das beziehe ich vor allem auf meine menschlichen Bindungen. Lieben und geliebt werden setzt voraus, sein Herz verschenken zu können. Bisher tat ich mich schwer, mit dieser emotionalen Präsenz durch das Leben zu gehen.

Salah rollte den Teppich in Richtung Mekka aus. Er streifte seine Lederlatschen ab, kniete sich hin und beugte seinen Oberkörper nach vorne. Ich hätte am liebsten auch zu jemandem gebetet, in der Hoffnung, mich mit meiner Vergangenheit aussöhnen zu können. Ist es eine Frage der Haltung? Der Weg ist das Ziel. Nur schien mir im Augenblick der Weg so beschwerlich und das Ziel so fern.

Salah und Ashraf unterhielten sich auf der Rückfahrt. Ich saß auf dem Rücksitz und schaute auf die letzten Sonnenstrahlen, die wie rötliche Samtschleier die Spitzen der Sanddünen bedeckten. Mir wurde immer klarer, dass ein Teil meiner Rastlosigkeit in unmittelbarem Zusammenhang zu meiner Vergangenheit stand. Die dunkle Seite meiner Kindheit, die verdrängten Erfahrungen, waren noch im Keller verschlossen. Um mit dem Fundament wachsen zu können, musste ich in diesen finsteren Keller hinabsteigen. Solange ich den Frieden mit meiner Vergangenheit nicht geschlossen hatte, solange war ich auch dazu verdammt, mein kreisförmiges Leben zu wiederholen. Bisher traute ich mich nicht, die Kellertür aufzumachen, denn ich hatte Angst, ein Teil meines Ichs würde sich darin verlieren. Aber musste ich nicht ein Stück weit sterben, um »neu geboren« zu werden? Suchte ich vielleicht nach meinen Ursprüngen in Afrika, der Wiege der Menschheit?

Auf der anderen Seite waren meine Konflikte Antriebskräfte für all die Dinge, die ich getan hatte. Wenn ich nicht all das erfahren hätte, wäre ich nicht da, wo ich jetzt bin. Solange ich meine Konfliktenergie positiv nutzte, war sie doch für mein Leben auch bereichernd.

Was wäre denn aus dem Rebell Rimbaud geworden, wenn er seine Vergangenheit vollständig aufgedeckt hätte? Hätte er mit weniger Leidensdruck jene Energien aufgebracht, um diese Prosa zu schreiben? All seine verdrängten Konflikte und Enttäuschungen seitens der Mutter, des Vaters und der unerwiderten Liebe zu Verlaine mussten heraus.

Ich schaute aus dem Fenster. Was für Gedanken machte ich mir mitten in Afrika? Von Weitem sah ich die Vororte von Port Sudan. Der Himmel färbte sich zu einem dunklen Rot, als die Sonne hinter den Sanddünen verschwand. Beladene Kamele liefen am Straßenrand. Ich war durstig und müde.

Ashraf brachte mich nach dem Morgengebet zum nationalen Flughafen von Khartoum. Es schien, als würden hunderte von Menschen nach Nyala fliegen. Hinter dem Abfertigungsschalter bildete sich eine Traube von brüllenden Männern mit Koffern, Säcken und Holzkisten.

»Inshaáallah«, rief ich aus, als ich mich zum Schalter durchgekämpft hatte und einem jungen Sudan Airline Officer mein Ticket unter die Nase schob.

»Herr Schaefer, es tut mir Leid, aber die Maschine ist ausgebucht.«

Ashraf hatte mich schon vorgewarnt, dass Sudan Airlines oft überbucht. Hartnäckig blieb ich am Schalter stehen. Einige Minuten später sprach mich der Officer wieder an: »Wir versuchen unser Bestes, aber es wird dauern. Kommen Sie in 20 Minuten wieder.«

Mit ungläubigem Blick zog ich mich aus dem Gedränge zurück und setzte mich auf mein Gepäck im hinteren Bereich der Abfertigungshalle. Außer mir gab es keinen Weißen, der die Absicht hatte, nach Nyala zu fliegen. Warum auch? Die Stadt lag im Westen des Sudans in der riesigen Savanne von Darfur. Zum Tschad waren es von dort noch 300 km. Eine karge Gegend. Kaum erschlossen und für Touristen uninteressant. Aber für mich gab es einen Grund: Die Jebel-Marra-Berge. Über 3000 Meter hohe, erloschene Vulkane, die sich über die ausladende Savannenlandschaft in den Himmel strecken. In Gedanken wähnte ich mich schon auf einer ausgedehnten Wanderung durch die Kraterlandschaften.

Ich machte es mir auf dem Schweizer Armeerucksack bequem und nahm die kopierten Seiten eines Interviews zur Hand, welches Bruce Chatwin zwei Jahre vor seinem Tod gegeben hatte.

Interviewer (I): *Stimmt es, dass Ihr Buch »Traumpfade« ursprünglich für ein Buch vorgesehen war, das Sie über Nomaden schreiben wollten?*

Chatwin (C): *Ja, eines Tages reiste ich in die Sahara und verbrachte dort einige Zeit bei einem Nomadenvolk. Sie weckten meine Neugierde nach dem Geheimnis ihrer ehrfurchtslosen und zeitlosen Vitalität. Wie kommt es, dass Nomadenvölker die Fähigkeit entwickelten, unter widrigsten Umständen fortzubestehen, während ganze Imperien zusammenbrachen?*

I: *Sehen Sie in den Nomaden eine Erklärung für ihre eigene Rastlosigkeit?*

C: *Es scheint, dass wir zur rastlosesten Spezies auf diesem Planeten gehören, und es erscheint wichtig, dass wir diese Rastlosigkeit beherrschen, bevor sie in destruktiver Weise außer Kontrolle gerät. Diese Ideen wuchsen in mir zu der Zeit, als ich anfing, mich mit der Literatur der Nomadenvölker zu beschäftigen. Später wurden sie zu einer Besessenheit, nachdem ich dem Kunstmarkt den Rücken gekehrt hatte.*

I: *Was bedeutet Reisen für Sie?*

C: *Das englische Wort »Travel« ist dem französischen »Travail« gleich. Es bedeutet harte Arbeit, Strafe und letztlich Wegstrecke. Besonders im Mittelalter gab es die Vorstellung, dass während einer Pilgerfahrt – wie sie zum Beispiel die Moslems unternehmen – der Urzustand des Menschen wiederhergestellt wird. Der Vorgang des »Durch-die-Wildnis-Wanderns« sollte den Reisenden zu Gott zurückführen. Diesen Gedanken findet man in allen Religionen.*

I: *Betrachten Sie Ihre Reisen als Pilgerfahrten?*

C: *Es wäre übertrieben, sie Pilgerfahrten zu nennen. Eigentlich bin ich ein reiselustiger Typ, der nichts anderes tun kann.*

Ich auch nicht, sagte ich bei mir. Noch immer hing eine Menschentraube vor dem Abfertigungsschalter. Ich schaute auf die Uhr. Die Maschine sollte laut Flugplan schon in der Luft sein. Ich hatte mich auf die Berge gefreut und wollte nicht wahrhaben, hier in Khartoum hängen zu bleiben. Ich wurde ungeduldiger.

Auf einmal signalisierte mir der Sudan Airline Officer mit gehobenem Daumen, dass es gut aussehe. Kurz darauf reckte er alle Finger in die Höhe und gab mir zu verstehen, noch zehn Minuten zu warten. Ich nickte ihm von Weitem zu.

Ich war der Letzte am Abfertigungsschalter. Eine Stunde nach unserer offiziellen Abflugszeit.

»Sie haben Glück. Mit Allahs Hilfe haben Sie noch einen Platz bekommen. Allerdings muss ich Sie darauf hinweisen, dass bald das Flugbenzin rationiert wird. Für Ihren Rückflug können wir nicht garantieren.«

Das war mir im Moment egal. Warum jetzt den Kopf zerbrechen, wie ich wieder zurückkommen sollte.

Als das Flugzeug in den Himmel stieg und sich die Konturen des Nils auflösten, öffnete sich eine unermessliche Weite vor meinen Augen.

Unter mir lag das größte Land Afrikas. Noch größer als Algerien oder die Demokratische Republik Kongo. Bizarre Sandformationen skizzierten die ausgedehnten Wüstenlandschaften. Die Erde schien ausgedörrt und ohne Leben.

In Nyala wurde ich am Flughafen von Militär durchsucht. Zwei junge Soldaten, nicht älter als 25 Jahre, hatten mich hinter der Passkontrolle aufgefordert, den Rucksack zu öffnen. Ihre Augen waren glasig und rotunterlaufen. Sie waren hochgewachsen und hatten strichförmige Schönheitsnarben in ihren Gesichtern. In ihren Händen hielten sie AK-47-Maschinengewehre. Über den Schultern hingen volle Patronengurte. Sie trugen ausrangierte Khaki-Uniformen und hatten schwarze Springerstiefel an.

Einer hielt meine Kamera in den Händen.

»Warum sind Sie hier?«

»Ich bin Tourist.«

»Was wollen sie sich denn anschauen?«

»Die Jebel-Marra-Berge.«

»Sie können hier keine Fotos machen, weder in Nyala noch in den Bergen.«

»Das wusste ich nicht.«

»Jetzt wissen Sie's.«

Während sich die Soldaten unterhielten, zündete ich mir eine Zigarette an. Die Steinwände der Ausgangshalle waren mit Einschüssen übersät. Zwei verrostete Decken-Ventilatoren drehten sich. Die heiße Luft stand trotzdem.

»Wir bringen Sie zur Polizeistation nach Nyala.«

»Warum?« Ich ahnte Fürchterliches.

»Touristen müssen sich bei der Polizei melden.«

Einer schubste mich von hinten mit dem Gewehrlauf. Ich hatte Angst. Meine Kamera war mir egal. Ich fürchtete auf einmal um mein Leben. Sie konnten mich überallhin verschleppen.

Wir stiegen in einen offenen Jeep und fuhren in die Stadt hinein. Ich schaute mir die Karawane nicht näher an, die am Straßenrand dahintrottete. Ich war zu sehr mit dem beschäftigt, was auf mich zukommen konnte. Ich hatte Angst vor der Ungewissheit.

Auf der Dienststelle sprachen die Soldaten mit dem Polizeipräfekten, der sich mehrmals die Mütze absetzte und mit der rechten Hand über seine Glatze fuhr. Nach fünf Minuten waren die Soldaten verschwunden, und ich saß mit ihm alleine in seinem Arbeitszimmer. Die Hitze in dem fensterlosen Raum war unerträglich. Über uns hing eine schwach leuchtende Glühbirne. Der Polizeipräfekt saß hinter einem kleinen Schreibtisch und schaute sich meine Papiere an. Schweißperlen tropften von seinem zerfurchten Gesicht auf meinen Pass. Auf einmal blickte er auf und fing zu meiner Verwunderung an, Deutsch zu sprechen. Er hatte zu DDR-Zeiten in Ost-Berlin studiert. Er liebte deutsches Bier und blonde Frauen. Je mehr er von seiner Studentenzeit erzählte, desto eher glaubte ich, für ihn eine willkommene Abwechslung im monotonen Polizeialltag von Nyala zu sein.

»Behalten Sie die Kamera, wenn Sie mir versprechen, keine Aufnahmen zu machen. Und melden Sie sich bei mir, wenn Sie aus den Jebel-Marra-Bergen zurück sind. Das ist ein Befehl. Es ist hier schlimmer als in der ehemaligen DDR.« Er konnte sein Lächeln nicht verbergen, als er mir zum Abschied die Hand reichte.

Am Nachmittag saß ich im Bus nach Tur, einem Dorf am Fuß der Jebel-Marra-Berge. Es war diesig. Aber mit Einbruch der Dunkelheit wurde die Sicht klarer. Riesige Lavaberge türmten sich vor meinen Augen in den abendlichen Himmel.

An einer Kreuzung stieg ich aus. Eine Stille lag über der Landschaft. Der Schein des aufgehenden Vollmondes begleitete mich auf dem Weg in das höher gelegene Bergdorf Gallol. Aus Erzählungen von Freunden wusste ich, dass sich dort ein deutscher Förster um den Baumbestand kümmerte.

Stundenlang wanderte ich durch duftende Zedernwälder. Es war eine einsame Gegend. Gegen Mitternacht überquerte ich einen Gebirgsbach und sah im Mondlicht ein kleines Blockhaus auf einer Anhöhe stehen. Eine brennende Öllampe schimmerte durch ein Fenster, das nicht größer als eine Schießscharte war.

Hundegebell riss die Stille in Stücke. Ein Knarren. Langsam öffnete sich eine Holztür, und eine dunkle Gestalt rief die Hunde zurück, die auf mich zugelaufen kamen.

»Wer da?«

»Ich bin es, ein Wanderer.«

»Woher?«

»Aus Deutschland.«

Stille.

»Um diese Uhrzeit? Na, kommen Sie trotzdem rein. Ich brenne gerade einen Magenbitter.«

Ein alter Mann mit weißem Bart und Glatze schüttelte mir die Hand, während seine zwei Schäferhunde, Ross und Maike, an meinen Jeans schnüffelten.

»Kümmern Sie sich nicht um die Hunde. Die machen nichts.

Was machen Sie bloß um die Zeit da draußen? Hier gibt es Hyänen.«

Ich schluckte seine Worte hinunter.

Im Kamin knisterte ein Feuer. Seine Hunde hatten es sich auf einem ausgefransten Berberteppich bequem gemacht. Ich saß auf einer Couch, die mit bunten Kissen bestückt war. Die Wände waren voller Regale, aus denen Bücher und alte Zeitschriften hervorquollen. Dazwischen lagen Steine, ein Kompass, verschiedene Ferngläser, ein wuchtiges Messer, bunte Vogelfedern, Tannenzapfen, Wurzeln und ein kleiner Weihnachtsbaum aus Plastik.

In seinem Galabia erinnerte mich der alte Mann an den französischen Eremiten Charles de Foucauld, der in der algerischen Wüste ein Einsiedlerleben geführt hatte.

Gert war über 60 Jahre alt und wollte nächstes Jahr in den Ruhestand gehen. Vor vielen Jahren hatte er schon einmal in diesem Aufforstungsprojekt als Förster gearbeitet. Nach seiner Rückkehr fragte man ihn in Deutschland, ob er nicht wieder im Projekt, dieses Mal als Senior Adviser, arbeiten wolle.

»Wenn ihr keinen Dümmeren findet, dann nehmt mich doch«, war seine Antwort.

Seine Sehnsucht nach dem afrikanischen Kontinent war größer als ein bürgerliches und gesichertes Leben in Deutschland. Von Zeit zu Zeit blickte ich auf die Hunde, die meine Bewegungen mit Akribie verfolgten. Was machte auch ein Wildfremder um diese Uhrzeit bei ihrem Herrchen vor dem Kamin?

Wir rauchten Zigarillos und tranken seinen Magenbitter, der viel zu bitter war.

»Bleiben Sie ein paar Tage bei mir. Ich zeige Ihnen das Nachtquartier.«

Er führte mich in ein kleines Zimmer. Auch hier waren die Wände voller Bücherregale. Auf dem Bett lagen zwei Handtücher und ein Stück Seife. Als ob er auf meinen Besuch vorbereitet war.

»Die Toilette und das Bad sind unten am Bach, also dann gute Nacht.«

Ich konnte nicht einschlafen. Ich wälzte mich von einer Seite auf die andere, zog das Kissen über den Kopf, legte mich mal auf den Bauch, mal auf den Rücken. War der Vollmond der Grund für meine Unruhe?

Ich zündete eine Kerze an und durchstöberte das über mir hängende Bücherregal. Dabei stieß ich auf eine Buchausgabe von André Gide. Diese »Blätter von unterwegs«, wie er sie nannte, waren Abschnitte des großen Tagebuchs, das er als 20-Jähriger begonnen und bis zum Ende seines Lebens fortgeführt hatte. Die Betrachtung seines inneren und äußeren Daseins war inspiriert von dem Drang, sich mitzuteilen. Er brauchte dieses stumme Gespräch mit der schreibenden Hand, die seine Gedanken festhielt. Als er auf Reisen ging, war das ein Entschluss, der mit seiner Lebenssituation zusammenhing. Es war nicht das simple Vergnügen des Touristen, sondern ein Reisetrieb, hinter dem sich der Lebenstrieb verbarg. Oft ahnte Gide, was ihn bewegte. Oft wusste er es nicht. Als man ihn fragte, was er in Äquatorialafrika wolle, antwortete er: *»Das wird sich herausstellen, wenn ich dort bin.«* Die Reise durch den Kongo und Tschad, die er 1925 unternahm, war nicht seine erste Afrikareise. Algier und Tunis hatten ihn schon früh gelockt, und als der 24-Jährige zum ersten Mal dieser Lockung folgte, wurde eine Schicksalsreise daraus: *»Eine grenzenlose Klage wohnt in mir. Ich weiß Dinge, mit denen ich mich nicht abfinden kann. Welcher Dämon hat mich nach Afrika getrieben. Was habe ich in diesem Erdteil gesucht? Vorher lebte ich gelassen. Aber jetzt weiß ich, und ich muss sprechen.«*

Er war sein Leben lang darauf aus, alles zu erleben und zu erforschen. Dieser unstillbare Trieb war dem Wesen des ewig Suchenden eingeboren. Es war der gleiche Ansporn, der den Denker und Künstler Gide in seinem Schaffen zwang, immer von Neuem zu beginnen, eine neue Aufgabe zu ergreifen, das Erworbene hinter sich zu lassen, um Unbekanntes zu erobern. Gide war immer unterwegs. Nicht nur die Reise in ferne Länder war sein Ziel, nicht nur die Reise ins Ungewisse, sondern vor allem auch die Reise auf der Suche nach sich selbst war seine ersehnte Erfüllung gewesen.

Die Kerze war fast heruntergebrannt, als ich das Buch zuklappte und in einen tiefen Schlaf fiel.

Am nächsten Morgen weckte mich Ross. Er lag mit wedelndem Schwanz vor dem Bett und leckte an meinem rechten Arm, den ich im Schlaf ausgestreckt hatte. Ich rieb mir die Augen frei und setzte mich auf den Bettrand. Auch Maike kam hinzu und legte sich neben Ross. Beide jaulten. Ihrem Anschein nach war es an der Zeit aufzustehen.

Gert stand vor dem Haus und schaute mit einem Fernglas in den wolkenlosen Himmel. Die Sonne hatte die Vulkane bereits aus dem Schatten geholt.

»Guten Morgen, was gibt's denn da oben zu sehen?«

»Geier. Sie nutzen die Aufwinde. Wollen Sie mal sehen?« Er reichte mir sein Fernglas.

»Fantastisch, kennen Sie sich mit Geiern aus?«

»Das gehört zu meinem Beruf. Interessieren Sie sich für Vögel?«

»Mauersegler hauptsächlich.«

»Mauersegler?« Er schaute mich erstaunt an und fuhr fort: »Von denen kann ich Ihnen auch viel erzählen. Die habe ich in Deutschland bis spät in die Nacht hinein beobachtet.«

»Bis spät in die Nacht? Ich wusste nicht, dass sie so lange bei uns fliegen.«

Wir setzten uns auf eine Holzbank vor seinem Blockhaus. Gert sagte: »Wissen Sie, die unbändige Rastlosigkeit lässt sie auch nachts nicht zur Ruhe kommen. Die Segler sammeln sich an warmen Abenden zu einem Schwarm, der in wirrem Durcheinander höher und höher steigt. Von Zeit zu Zeit lassen sich einzelne, vor allem die Brutvögel, fallen und kehren zu ihren Nestern zurück. Aber die Einjährigen machen die Nacht zum Tag und fliegen in den Himmel. Schließlich sind es nur noch Punkte, und nach kurzer Zeit sind auch diese nicht mehr sichtbar.«

»Und wo fliegen die hin?«

»Das kann ich Ihnen auch nicht sagen. Aber eine überraschende Beobachtung hat mal ein französischer Pilot im Ersten Weltkrieg gemacht. Als er über 3000 m hoch mit abgestelltem Propeller im Schein des Vollmonds dahinglitt, befand er sich auf einmal in einer seltsamen Schar von Vögeln, die unbeweglich schienen oder zumindest keine sichtbaren Reaktionen zeigten. Zweimal prallten Vögel gegen das Flugzeug und anderntags fand er einen davon im Innern des Fliegers. Es war ein erwachsenes Mauersegler-Männchen.«

»Das ist ja unglaublich. Woher wissen Sie das alles?«

»Sie können mich ruhig duzen.«

Dann verschwand er in seinem Haus und kam mit einem Buch zurück.

»Wahrscheinlich wird dich dieses Buch interessieren: ›Mein Vogel: Aus dem Leben des Mauerseglers *Apus apus*‹«. Emil Weitnauer hat es geschrieben. Er war der Experte für Mauersegler.

Leider schon tot. Ein Schweizer.«

Während ich im Buch herumblätterte, schaute er durch den Feldstecher auf die Vulkane.

»Schau dir bloß die Konturen des Kraterrandes an, sieh, oberhalb des Waldrandes an der Nordflanke.«

Ich schaute seinem ausgestreckten Zeigefinger hinterher. Mehr als zehn Mal war er dort oben gewesen. Und er war nicht müde, es noch einmal zu versuchen.

»Wenn du möchtest, begleite ich dich übers Wochenende in die Berge. Ich werde erst wieder am Montag im Büro gebraucht.«

»Natürlich.«

»Na, dann lass uns packen. Ross und Maike nehmen wir auch mit.«

Am späten Vormittag brachen wir auf. An Gerts Schulter baumelte eine Schrotflinte. »Für alle Fälle«, sagte er.

Wir folgten anfangs dem Bach, bis wir eine ungeteerte Straße erreichten, die sich durch einen Zedernwald schlängelte. Wir sammelten trockenes Brennholz und schnürten es auf unsere Rucksäcke. Gert erzählte von den Bemühungen seines deutschen Arbeitgebers, der Gesellschaft für technische Zusammenarbeit (GTZ), den Nadelbaumbestand in den Jebel-Marra-Bergen aufzuforsten. Neben Zedern standen hier auch Tannen, Fichten und Kiefern. Ich fühlte mich wie im Schwarzwald. Oberhalb der Baumgrenze wuchsen riesige Lobelien und meterhohe Farne, wie ich sie damals nur am Mt. Kenya und Mt. Elgon in Kenia gesehen hatte. Ein rauer Wind fegte über uns hinweg. Es wurde kühler.

Auf einmal Bewegung unter den Hunden. Bisher waren sie brav neben uns hergelaufen. Ross rannte wie ein Pfeil auf pechschwarze Lavafelsen zu, die sich vor uns auftürmten. Maike war mit einem Satz hinter ihm her. Gert wollte sie zurückpfeifen. Doch zu spät. Mit wildem Gebell jagten sie eine Horde Paviane auf. Gert war außer sich.

»Warum so wütend?«

»Sie sollen kein Wild aufschrecken, auch nicht allein herumstöbern. Hier gibt's Hyänen.«

Ich schluckte.

»Müssen wir nicht auch vorsichtig sein?«

»Es kommt selten vor, dass Hyänen Menschen angreifen. Nur wenn sie sehr hungrig sind. Am späten Nachmittag steigen wir in den Krater. Da sind wir vor ihnen sicher.«

Die Vegetation wurde karger, das Gras rauer und schärfer. Mehrmals packte ich mir ans Schienbein, weil die spitzen Grashalme die Haut aufgeschnitten hatten. Wir näherten uns langsam den ersten Lava-Geröllfeldern. Mit jedem Schritt nach vorn rutschten wir einen halben zurück. Eine nackte und leblose Landschaft lag vor uns. Vulkane haben etwas Eigenes. Sie ragen in den Himmel und geben ihr Geheimnis so lange nicht preis, bis man den Kraterrand erreicht hat.

Schweiß lief über mein Gesicht. Die Riemen des Rucksacks zerrten an den Schultern. Ich brannte vor Ungeduld, in den Krater zu schauen.

Die letzten Schritte …

Wie unantastbar lag ein smaragdfarbener See auf dem Grund des riesigen Kraters. Es war alles so friedlich und klar und vollkommen. Ich sank zu Boden und war außer mir vor Freude. Ross und Maike lagen neben mir, auch sie atemlos.

Nach einer Weile drehte ich mich um. Die schroffe Lava breitete sich wie Krakenfüße aus und endete in den bewaldeten Hängen. Mir war unbegreiflich, warum die Berge so gut wie unbewohnt waren. In den Wäldern waren die klimatischen Verhältnisse doch günstiger als in der trockenen Savannenlandschaft! Wasser aus klaren Bächen, Bäume und kühle Luft.

Kurze Zeit später stand Gert neben mir.

»Unterhalb des schwarzen Felsens«, er deutete mit der rechten Hand in den Krater – »übernachten wir. Lass uns weiterziehen, sonst schaffen wir's nicht mehr vor Einbruch der Dunkelheit.«

Ich holte mein Fernglas heraus.

»Gibt's denn dort unten kein Leben?«

»Kein Baum und Strauch wächst dort.«

»Und Fische im See?«

»Nichts.«

»Warum?«

»Weil die Erde voller Schwefel ist. Geysire schießen aus dem Boden.«

»Also ist er noch aktiv.«

Er nickte.

Ich schaute noch länger durch das Fernglas, während Gert voraus ging.

Im Schutz des Kraters war der Wind verschwunden. Der steile Abstieg war schwieriger, als ich gedacht hatte. Mit gesenktem Kopf schaute ich auf den Boden und suchte Halt unter meinen Füßen, die bei jedem Schritt drohten, unter dem losen Geröll wegzurutschen. Ross und Maike jaulten. Sie knickten mehrmals ein. Gert ging voraus. Er kannte den Weg, der keiner war.

Kurz vor Sonnenuntergang erreichten wir das Nachtlager. Es war ein windgeschützter Platz, der von einem vorspringenden Felsen überdeckt wurde. Wir legten die Rucksäcke ab, rollten unsere Schlafsäcke aus und legten das Brennholz auf einen Haufen.

Der Kratersee hatte eine dunkelgrüne Farbe angenommen. Eine leichte Brise säuselte über die Wasseroberfläche. Ich schaute dem seichten Wellenspiel zu, während Gert das Feuer entfachte. Geier kreisten am Himmel. Sie nutzten die aufkommende Thermik in der einbrechenden Dunkelheit.

»Warum zieht es eigentlich Mauersegler in den Sommermonaten nach Europa, und andere Vogelarten wie die Geier, bleiben in Afrika?«

»Die Frage ist nicht leicht zu beantworten. Ein Grund für die Brutzeit der Mauersegler in Europa liegt wahrscheinlich in der längeren Nahrungssuche. Bei uns haben Vögel im Hochsommer 14 bis 18 Stunden Gelegenheit, Nahrung zu suchen und die Jungen zu füttern. In den Tropen dauert der Tag nur 12 Stunden.«

»Aber warum verlassen dann Mauersegler ihre europäische Wahl-Heimat im August, wenn die Insekten noch im Überfluss vorhanden sind?«

Gert gab die Nudeln ins heiße Wasser. »Vielleicht liegt es an der Abnahme des Tageslichts, welches bei den Vögeln den Reisetrieb weckt. Die meisten Segler kommen ja Ende April zu uns, erleben dort etwa 50 Tage später den längsten Tag und machen sich etwa 50 Tage später wieder auf den Weg nach Afrika. Bezogen auf die Länge der Tage und deren Lichtintensität ein sehr gutes Timing. Es gibt viele Theorien. Aber keine ist vollkommen.«

Die Spaghetti Bolognese waren köstlich. Dazu tranken wir eine Flasche Chianti, die Gert aus seinem Rucksack gezaubert hatte. Ross und Maike schauten neidvoll zu. Sie wussten noch nicht, dass die restlichen Nudeln im Topf ihnen gehörten.

»Wie schaffen es die Segler eigentlich, immer zur rechten Zeit am rechten Ort zu sein?«

Gert stocherte im Feuer: »Ihr Timing unterliegt einer biologischen Uhr. Setzt man gefangene Segler einem künstlichen Tag / Nachtrhythmus von jeweils 12 Stunden aus, dann durchleben sie, wie in der Natur, die zeitgemäßen Stadien des Brütens, Mauserns und der Zug-Unruhe. Sobald man den Tag / Nachtrhythmus verkürzt, beschleunigen sie ihre Entwicklung. Die kürzer werdenden Tage im Spätsommer stimulieren die Mauersegler, Fett anzusetzen und sich zu mausern. Wahrscheinlich löst der hormonelle Schub und die Zunahme des Körpergewichts die Zug-Unruhe aus. Die Engländer nennen es »migratory restlessness«.«

»Was nennen sie so?«

»Die Zug-Unruhe.«

Ich ließ »migratory restlessness« noch einmal auf der Zunge zergehen und übersetzte es ins Deutsche: Migratorische Unruhe. Entsprach dieser Zustand nicht auch meiner Lebensphilosophie?

Ich war ganz begeistert und sagte: »Ist es nicht großartig, was so alles in einem kleinen Vogel drin ist.«

»Von den erstaunlichsten Leistungen habe ich ja noch gar nicht gesprochen: Der Weitnauer hat über viele Jahre seine Mauersegler beringt, um herauszufinden, wohin sie fliegen. Einmal rief ihn ein Ornithologe aus Namibia an, der einen seiner Segler gesehen hatte. Dieser lebte 21

Jahre und flog jedes Jahr von der Schweiz nach Namibia. Nach seinen Berechnungen ist dieser Vogel inklusive seiner Reisen nach Afrika, seinen täglichen Flügen in der Schweiz und Namibia in seinem Leben annähernd vier Millionen Kilometer geflogen. Ungefähr fünfmal zum Mond, hin und zurück.«

Ich war sprachlos.

Im Lagerfeuer leuchtete die Glut. Ich legte noch einige Scheite dazu. Nach dem Essen holte Gert seinen Flachmann aus dem Rucksack.

»Schottischer Whiskey, genau das Richtige für eine kalte Bergnacht.«

Während er mir den Flachmann reichte, erzählte er weiter: »Vor einiger Zeit machte ich in einem Vogelkundebuch eine sagenhafte Entdeckung. Dort stand, dass flügge Mauersegler auch ohne ihre Eltern nach Afrika fliegen. Sie haben nichts anderes gesehen als ihr Nest, fliegen für einige Wochen ihre Runden um ihren Geburtsort, ein kurzes Training halt, und auf einmal sagt ihnen eine innere Uhr, dass es an der Zeit ist, nach Afrika zu fliegen, obwohl sie dort noch nie gewesen sind. Und das alleine.«

»Das ist ja unvorstellbar. Wie ist das bloß möglich?« »Wahrscheinlich spielt die genetische Erinnerung eine Rolle. Nach meiner Vorstellung sind die über viele Generationen weitergegebenen Erbinformationen, nämlich die, nach Afrika zu fliegen, tief in den Mauerseglern verankert. Zum Beispiel wenden sich in Käfigen gehaltene Mauersegler während ihrer Zug-Unruhe gen Süden und versuchen, mit schlagenden Flügeln in dieser Richtung das Weite zu suchen.«

Je mehr Gert über die Mauersegler erzählte, desto eher betrachtete ich auch mein Leben. Gibt es dort Parallelen? Warum zieht es mich so sehr nach Afrika? Liegt in meinen Genen eine über Millionen von Jahren alte Erbinformation, die mich drängt, nach Afrika zurückzukehren, dorthin, wo die Entwicklung des Menschen vom *Homo habilis* über den *Homo erectus* zum *Homo sapiens* stattgefunden hat? Oder sind all das nur whiskeydurchtränkte Gedanken nach einer langen Bergwanderung?

Unter dem funkelnden Sternenzelt fielen mir kurze Zeit später die Augen zu. Maike und Ross lagen eingerollt zu meinen Füßen.

Gert saß am Feuer und setzte Wasser auf. Wieder ein wolkenloser, klarer Morgen. Ich schälte mich aus dem Schlafsack und beschloß noch vor dem

Frühstück zum See hinabzusteigen. Maike und Ross folgten mir. Noch lag der Krater im Schatten.

Je näher ich dem See kam, desto öfter sah ich verweste Vögel auf dem verdörrten Boden liegen. Es war nicht einfach, Maike und Ross von den ausgebleichten Knochen und Federn fernzuhalten.

Eine weißlich-gelbe Salzkruste säumte den äußeren Rand des Sees und deutete auf frühere Wasserstände hin. Aus dem Kraterboden quoll heißes, schwefelhaltiges Wasser. Die Luft stank nach verwesten Vögeln und verfaulten Eiern.

Von oben hatte der See malerisch und friedlich ausgesehen. Aber hier unten fühlte ich mich wie am Eingang zur Hölle. Die bizarre Umgebung hatte etwas Trügerisches an sich. Als ob unheimliche Mächte ein »giftiges Süppchen« kochten, um jedes Lebewesen, das es wagen würde hinabzusteigen, auf qualvolle Weise zu vernichten.

In meiner Angst rief ich Ross und Maike zurück. Wer wusste schon, ob nicht Ungeheuer aus dem See herausgesprungen kamen und mit einem Satz mich und die Schäferhunde verschlungen hätten.

Mittlerweile hatte sich die Sonne über den Kraterrand geschoben. Ich setzte meinen Panamahut auf und schützte den Nacken mit einem weißen Tuch, das ich um den Hals gewickelt hatte. Ich kehrte dem See den Rücken zu und wanderte hinauf. Die Furcht vor dämonischen Kräften hielt mich davon ab zurückzuschauen. Erst als Gert und ich aus dem Krater gestiegen waren und die ausladende Savannenlandschaft vor uns liegen sahen, schaute ich noch einmal auf den See zurück. Aber ich konnte keine Schönheit mehr erblicken. Wie ein dunkelblaues Loch lag er auf dem Kratergrund.

Gert wanderte schweigsam vor mir her, bis er sich umdrehte und stehen blieb: »Was ist los? Warum so ruhig heute Morgen?«

»Ich kann das nicht erklären, aber ich hatte kein gutes Gefühl im Krater.«

»Das verstehe ich. Es ist eine unwirtliche, ja fast unheimliche Landschaft. Die Einheimischen meiden den Krater. Angeblich treiben dort unten Geister ihr Unwesen.«

»Glaubst du daran?«

»Schwer zu sagen, aber sicherlich gibt es auf der Erde Orte mit positiver und negativer Energie. Auf mich wirken die Vulkane positiv, wenn ich sie betrachte und erwandere. Wenn ich aber in den Krater hinabsteige, habe auch ich ein komisches Gefühl. Dieser Ort hat etwas Unvorhersehbares. Jeden Moment könnten dort unten unheimliche Dinge geschehen, und das macht es so spannend.«

Eine Woche später fuhr mich Gert in seinem alten Land Rover nach Nyala. Ross und Maike saßen stolz auf der Rückbank und hielten ihre Nasen in den Fahrtwind.

»Fühlst du dich einsam?«, fragte ich Gert.

Er schwenkte für einen kurzen Augenblick seinen Kopf zu mir und konzentrierte sich dann wieder auf die Straße.

»Ich war schon immer ein Einzelgänger. Ich habe wenige, aber gute Freunde, mit denen ich in Kontakt bleibe. Da spielt es keine Rolle, ob ich in Europa oder Afrika lebe. Ich brauche nicht viele Menschen um mich herum. Weißt du, wir leben wie wir träumen, alleine.«

Auf der einen Seite fühlte ich wie Gert. Er brauchte keinem Rechenschaft abzulegen. Er war ungebunden und konnte ohne Kompromisse auf Dinge zugehen, die ihm am Herzen lagen. Auf der anderen Seite machten mich seine Worte traurig. Wem konnte Gert schon in der Wildnis seine Gefühle mitteilen? Den Sudanesen, die ein ganz anderes Leben führten?

Reichten ihm seine Hunde und die Wälder, oder lebte er das spirituelle Leben eines Eremiten?

Ich stellte ihm diese Fragen nicht, da sie mir zu persönlich schienen. Aber ich fragte mich, ob ich hier alleine leben könnte. Vielleicht für eine Weile. Ich brauchte aber auch den Austausch mit Menschen, die ähnlich fühlten und dachten wie ich. Vielleicht war es bei Gert auch eine Frage des Alters. Mit über 60 Jahren fängt man möglicherweise an, die Wahrheiten des Lebens in der Natur und Einsamkeit zu suchen.

Wir hatten die ersten Behausungen von Nyala erreicht. Fliegende Straßenhändler und schwer beladene Kamele standen unter schattenspendenden Dumpalmen. Der Markt zog sich durch alle Gassen. Mitten im Gewühl setzte mich Gert ab.

Ich tauchte in die Menschenmasse ein und ließ mich treiben, bis ich in eine Seitenstraße kam, die ich kannte. Vor zehn Tagen hatte ich mich hier auf der Polizeistation gemeldet. Ich tat das Gleiche wieder, denn ich hatte vor, die Stadt noch am selben Tag in Richtung Khartoum zu verlassen.

Eine Stunde später trat ich in das Sudan Airline Office ein. Eine junge Frau saß hinter dem Tresen und tippte auf einer alten Adler-Schreibmaschine. Ein rostiger Deckenventilator drehte sich über ihrem Kopf, der in ein weißes Tuch gehüllt war. An der Wand hing ein vergilbtes Poster, auf dem eine lächelnde sudanesische Stewardess vor einem Flugzeug stand. Darunter stand: Sudan Airlines – The Gateway to the World.

»Guten Tag, was kann ich für Sie tun?«

»Ich möchte meinen Rückflug nach Khartoum bestätigen«, sagte ich und legte mein Ticket auf den Tresen.

Sie blieb vor der Schreibmaschine sitzen und schaute mich mit ihren dunkelbraunen Augen an. Sie war sehr hübsch. Ich glaube, sie war eine Nubierin.

»Es tut mir Leid. Alle Flüge sind gestrichen worden. Zurzeit gibt es im Sudan kein Flugbenzin.« Sie zuckte mit den Schultern. Dabei beobachtete ich, wie sich ihre Brüste unter ihrem cremefarbenen Oberteil spannten.

»Gibt's denn andere Möglichkeiten?«

Sie seufzte.

»Ja, vielleicht, mit dem Zug. Der fährt aber erst wieder in einer Woche nach Khartoum und braucht für die Strecke ungefähr sieben Tage. Es können auch acht sein. Das weiß keiner so genau.«

»Und sonst?«

Sie spielte mit dem Bleistift im Mund, zog ihn dann heraus und kreiste mit der Zunge über ihre Lippen. Sie stand auf, rückte ihren dunkelbraunen Rock zurecht und stellte sich an den Tresen.

»Sonst gibt's noch den Bus. Der fährt täglich über El Fasher und El Obeid.«

»Und wie ist das?«

Sie lächelte mit einem Anflug von Ironie. »Abenteuerlich. Aber so wie Sie aussehen, lieben Sie Abenteuer.«

Sie schaute mir tief in die Augen und setzte sich dann wieder hinter die Schreibmaschine. Was hatte sie zu tippen, wenn hier sowieso nichts passierte? Sie schien mir am falschen Ort zu sein.

Ich holte die Landkarte aus dem Rucksack und schaute mir die Reiseroute genauer an. Eine gelbgepunktete Linie führte von Nyala nach El Fasher. Und von dort verengte sich die Linie zu einem rosa Strich bis nach El Obeid. Laut Karte war das eine unmarkierte Piste, die bei Schlechtwetter nicht befahrbar war.

»An Ihrer Stelle würde ich mir einen Platz reservieren. An Markttagen sind die Busse immer voll. Viele fahren nach dem Nachmittagsgebet.«

»Sind Sie Moslem?«, fragte ich neugierig.

»Al' hamdulillah, natürlich.«

In dem Moment, als sie sich zum Islam bekannte, dachte ich an die Obhut ihrer Eltern oder vielleicht auch schon ihres Ehemannes, der sie zu Hause erwartete. Ich lenkte das Gespräch in eine andere Richtung und fragte nach dem Busbahnhof.

»Durch die Stadt und dann rechts hinter dem Schlachthof. Kaufen Sie lieber Proviant und Wasser für die Fahrt. Wer weiß schon, wie lange Sie auf Reisen sind!«

»Gibt's denn keine Möglichkeit, unterwegs was zu kaufen?« »Natürlich, aber manchmal bleiben die Busse in der Wüste stecken. Und dann?«

Ihr Vorschlag machte Sinn. Sie wünschte mir viel Glück, als ich mich verabschiedete. Über Umwege erreichte ich den Busbahnhof.

Ein leerer Bus stand dort. Nein, es war eher ein überdachter LKW, dessen Ladefläche mit Holzbänken bestückt war. Als Mitreisender hatte man freie Sicht und frische Luft, denn Fenster gab es keine.

Ich setzte mich in eine Teestube. Mir gegenüber saß ein älterer Mann mit weißem Schnurrbart und einer Shiluk-Pfeife im Mund. »Wissen Sie, wohin der Bus fährt?«

»Nach Khartoum, Inshaáallah.«

»Nach Khartoum, direkt bis Khartoum!«

Ich konnte es kaum glauben.

»Ja, ja, die Ankunft ist allerdings ungewiss, die Wüste halt, die Wüste, Inshaáallah.«

Mit der Zeit war auch ich in der Lage, dieses Inshaáallah auszusprechen. Dabei liegt die Betonung auf dem »ll«. Man reißt beim ersten »a« den Kiefer auf und lässt das »ll« in einem tiefen, sonoren Klang durch den Klangkörper des offenen Mundes hallen. Dabei wird die Zunge in einer Rückwärts-Vorwärtsbewegung vom oberen Gaumen nach vorne geschnellt. Mit einem befreienden »ah« endet dieses arabische Wort, das so viel heißt wie »So Gott will«.

Bei einem Straßenhändler kaufte ich Brot, Tomaten, Zwiebeln, Kekse und Wasser.

Der Holzsitz 16 D wurde mir zugeteilt. Bis Khartoum sollte ich hier sitzen bleiben, mehr als 1000 Kilometer. Ich nahm meinen Platz ein, klemmte die Knie zwischen die vor mir stehende Holzbank, und schaute neugierig zu meiner verschleierten Nachbarin. Sie war fett. Auf ihrem Schoß lag ein mit Hühnern gefüllter Bastkäfig. Es stank entsetzlich, so dass ich schon vor der Abfahrt meinen Kopf ins Freie reckte.

Allmählich füllten sich die Plätze mit Beduinen, Händlern, verschleierten Marktfrauen und Kindern. Andauernd schauten sie zu mir herüber. Ich war der einzige Weiße im Bus. Mit Hirse gefüllte Sisalsäcke wurden im Mittelgang verstaut und versperrten mir die Sicht zum Fahrer.

Wir waren keine zehn Minuten aus der Stadt, da wurde unser Bus von einer Militärkontrolle an den Pistenrand gewinkt. Wir mussten aussteigen und uns vor unserem Gepäck in einer Reihe aufstellen. Soldaten begutachteten akribisch die Pässe, dann die Gesichter und das Gepäck. Nach der Prozedur setzten wir die Fahrt fort. Fast stündlich ein Militärposten und mehrmals am Tag ein Gebet zu Allah. Der Bus hielt an, die Reisenden folgten dem Fahrer in die Wüste, rollten ihre Teppiche aus und beteten in Richtung Mekka. Wahrscheinlich würde ich bei meiner Ankunft in Khartoum zum Islam übergetreten sein und mein Pass bei all den Militärposten in Stücke zerrissen.

Am Abend kühlte es ab. Mit mehreren Tüchern umwickelte ich Hals und Gesicht, um mich vor dem kalten Fahrtwind zu schützen. Zumindest in der Kleidung passte ich mich den Sudanesen an. Meine fette Nachbarin schmunzelte.

Ich war eingedöst, als der Bus in der Nacht in einem Dorf anhielt. Der Fahrer war müde und wollte schlafen. Aber gab es denn keinen zweiten Busfahrer, der die Reise fortsetzen konnte? Alle Mitreisenden stiegen aus und suchten fliegende Straßenhändler auf, die mit Kerzen und Kerosinlampen auf sich aufmerksam machten. Ich zeigte mit den Fingern auf das, was ich essen wollte. Foul, das aus dunklen Bohnen, Zwiebeln, Tomaten, Kümmel und Sesamöl zubereitete sudanesische Nationalgericht, dazu Brot und süßen, schwarzen Tee.

Nach dem Essen legte ich mich auf meinen Schlafsack in den noch warmen Sand. Die Nacht war sternenklar.

Ich hörte Schritte.

»Entschuldigen Sie die Störung!«

Ich war überrascht, setzte mich hin und versuchte mir den jungen Mann genauer anzuschauen. Die Nacht war allerdings zu finster.

Er hockte sich neben mich. Mustafa kam aus Ghana. Auf dem Landweg hatte er sich durch Togo, Benin, Nigeria, Niger und den Tschad durchgeschlagen. Er war Geschäftsmann. Als Moslem hatte er immer davon geträumt, einmal nach Mekka zu fahren. Mit 40 Jahren schien sein Wunsch nun endlich in Erfüllung zu gehen.

»Nenn mich Kay.«

»Kay, ich habe dich schon im Bus beobachtet. Ich bin froh, endlich mit jemandem sprechen zu können. Ich kann nämlich kein Arabisch.«

Kurze Zeit später holte er seine Sachen und legte sich neben mich in den Sand. Er sprach mehr, als ich hören wollte, und irgendwann schlief ich bei seiner Lebensgeschichte ein.

Am nächsten Morgen schaffte ich es dank des Busfahrers, meine fette Nachbarin zu versetzen, sodass Mustafa neben mir sitzen konnte. Er trug Sportschuhe, Jeans und ein schwarzes T-Shirt. Auf seiner Nase thronte eine Nickelbrille mit runden Gläsern.

Die Militärposten und obligatorischen Gebetszeremonien blieben fester Bestandteil unseres Tagesablaufs. Für die fast 200 km lange Sandpiste von Nyala nach El Fasher brauchten wir zwei Tage. Müde und verdreckt erreichten wir den Busbahnhof. Es herrschte Chaos. Das Gelände war voller Busse und LKWs, die seit Tagen festsaßen. Es gab weder Benzin noch Diesel in El Fasher. Der Verkehr in Darfur war zusammengebrochen. Mustafa und ich holten unser Gepäck aus dem Bus und wanderten stadteinwärts. Mir war nach einem Bett und einer Dusche.

Flache, eingeschossige Lehmhütten säumten die sandigen Wege, auf denen Handelsleute, Kamele und Esel auf- und abwanderten. Nur selten sah ich verschleierte Frauen. Nirgends ein Reklameschild. Eine Karawane zog an uns vorbei.

Das einzige Hotel in El Fasher war in einem desolaten Zustand. Matratzen fehlten oder waren verschlissen. Es gab weder Strom, Wasser noch Telefon. Was für Hotelgäste mochten hier absteigen? Lieber wollte ich unter den Sternen schlafen. Dann fiel mir ein, dass Gert von einem GTZ-Büro in El Fasher gesprochen hatte, das die umliegenden Projekte betreute.

Am frühen Abend saßen Mustafa und ich im Innenhof des ruhig gelegenen GTZ-Gasthauses und tranken Tee mit dem Projektleiter. Hussein hatte eine Glatze und einen langen, weißen Bart, den er ständig mit seiner rechten Hand streichelte. Er saß in einem ausrangierten Liegestuhl und erzählte von seiner Zeit in Deutschland.

»Ich war viele Jahre bei Mercedes in Stuttgart. Nach meiner Pensionierung habe ich die Verwaltung der umliegenden GTZ-Projekte in El Fasher übernommen. Wegen der guten Deutschkenntnisse.«

Es war witzig, einen Sudanesen schwäbisch sprechen zu hören. Mustafa saß gelangweilt in seinem Liegestuhl und schaute einem Schwarm Mauersegler hinterher, die in der Abenddämmerung ihre Runden zogen.

»Bei Gert waren Sie? In den Jebel-Marra-Bergen. Den kenne ich gut. Der wird nicht mehr nach Deutschland zurückkehren.«

»Wo soll er denn auch hin, ohne Benzin«, sagte ich und lachte dabei.

»Sie sind also Rheinländer, mit Humor. Tatsächlich wird es nicht einfach sein, El Fasher zu verlassen. Vorgestern ist unser letztes Projektauto nach Khartoum gefahren. Aber ich habe gute Beziehungen, Mister Kay. Sie müssen nur die Hände meiner Freunde ölen. Verstehen Sie?«

Ich schmunzelte.

»Wie lange wird's denn mit der Benzinknappheit dauern?« »Inshaàallah.«

Wir konnten im GTZ-Gasthaus übernachten. Ich lag auf dem Bett und schaute mich im Zimmer um. Ein zusammengeknotetes Moskitonetz hing über mir. Unterhalb des Fensters, das in den Innenhof führte, standen ein Tisch und ein Stuhl. Ich zündete eine Kerze an und griff nach einem Buch, das neben dem Bett auf dem Holzschemel lag. Die Bibel. Ein Lesezeichen lag im vierten Kapitel der Genesis. Ich las, dass Kain seinen Bruder Abel erschlagen hatte, weil Abel Schafhirte und somit ein Auserwählter Gottes war. Kain hingegen war Ackerbauer und in den Augen Gottes ein Ungläubiger. Warum hatte Gott Partei ergriffen? Das schürt doch Hass. Mit Wut im Bauch legte ich die Bibel beiseite. Ich streckte meine Glieder aus und schloss die Augen. Der Tag war anstrengend gewesen.

Schüsse von der Straße rissen mich aus dem Schlaf. Die Kerze brannte noch, als ich in einer raschen Abfolge das Moskitonetz zur Seite schob und nach Mustafa rief, der im Nebenzimmer schlief. Verwirrt und gähnend kam er ins Zimmer. Seine Nickelbrille hing schief im Gesicht.

»Was ist los?«

»Hast du auch die Schüsse gehört?«

»Nein, nichts. Du musst geträumt haben.«

»Aber nein.«

Kurze Zeit später fielen wieder Schüsse. Grelle Frauenstimmen schrien in die Nacht. Mustafa blies die Kerze aus und setzte sich auf mein Bett. Wieder Schüsse. Dieses Mal hörten wir auch Männerstimmen. Ich wollte mir eine Zigarette anzünden, doch Mustafa schlug mir das Streichholz aus der Hand.

»Du bist verrückt, Kay. Lass den Mist.«

Hussein hatte uns erzählt, dass für die Nacht eine Ausgangssperre verhängt worden war. Man befürchtete Plünderungen von bewaffneten Beduinen. Wir blieben regungslos auf meinem Bett sitzen, beide in

Unterhose, darauf wartend, ob weitere Schüsse fielen. Aber es kamen keine mehr.

Vor lauter Angst machte ich in der Nacht kein Auge mehr zu, sondern las noch einmal mit der Taschenlampe unter der Decke die Geschichte von Kain und Abel. Was hatte sie zu bedeuten?

Der Konflikt zwischen Nomaden und Sesshaften war schon immer mit Neid und Hass erfüllt. Dafür gibt es mehrere Gründe. Es hat zum Teil mit unserer Befürchtung zu tun, sie würden uns und unseren Besitz gefährden. Zum anderen wollen viele wie Kain ihren Bruder Abel erschlagen, weil sie nicht länger ertragen können, dass Gott nicht die Sesshaften, sondern die Nomaden liebt. Tief in meinem Inneren glaube ich aber, dass es für unsere Verachtung einen wichtigeren Grund gibt. Unsere Gesellschaft hasst die Nomaden, weil sie uns daran erinnern, wer wir einmal waren.

Der morgendliche Gesang des Muezzin schallte aus der nahe gelegenen Moschee. Ich schaute mich im Zimmer um und dachte über meine jetzige Situation nach. Wie sicher war eigentlich die Fahrt durch die Wüste? Mussten wir uns nicht vor Wegelagerern und Banditen in Acht nehmen, die El Fasher auch nachts unsicher machten? Der Gedanke beunruhigte mich. Ich zündete mir eine Zigarette an, stand auf und machte mir einen Kaffee in der Küche. Mustafa schlief noch.

Am späten Vormittag kam Hussein und erzählte von seinem Freund Shibrain, der uns für 200 Dollar in einem Toyota Pickup nach El Obeid fahren würde. Von dort gab es eine Busverbindung nach Khartoum. Ich verzog mein Gesicht. Es ging um den Preis. Letztendlich war ich froh, überhaupt jemanden gefunden zu haben. Das ließ ich ihn aber nicht spüren. Im Gegenteil.

»Für 50 Dollar hat man mich damals durch die libysche Wüste gefahren. Und du verlangst das Vierfache für die Strecke nach El Obeid.« Ich log.

»Mister Kay«, er wurde lauter, »schauen Sie, 100 Dollar sind für den Diesel. Schwarzmarktpreis. Dann noch 50 für den Toyota und 50 für Shibrain. Er bringt Sie ja nicht nur nach El Obeid, sondern fährt auch wieder zurück, alleine.«

»Bevor ich mit Ihnen einen Deal aushandle, möchte ich Shibrain und den Pickup sehen.«

»Kein Problem.«

Als Hussein gegangen war, setzte ich mich zu Mustafa in den Innenhof. Auf einmal hörte ich durchdringende, schrille Srie … Srie …Srie-Rufe. Ich schaute in den blauen Himmel und sah tatsächlich einen Schwarm Mauersegler. Pfeilschnell schossen sie über die Dächer und flogen Kapriolen in die Luft. Manche ließen sich auch mit dem Wind treiben. Ob es dieselben Mauersegler waren wie über meiner Dachterrasse in Köln?

Mustafa konnte meine Begeisterung nicht teilen. Für ihn waren es »just birds«.

»Gibt es die in Ghana auch?«, fragte ich.

»In Accra habe ich sie mal gesehen. Aber oft verschwinden sie für längere Zeit, und dann sind sie wieder da.«

Jemand hupte vor der verschlossenen Toreinfahrt. Der Wachmann öffnete. Hussein fuhr mit einem verbeulten, dunkelblauen Pickup in den Innenhof. Auf der Beifahrerseite stieg ein dicker Mann aus. Shibrain hatte einen feisten Stiernacken, der über dem Kragen seines Jeanshemdes hervorquoll. Sein weißer Schnauzbart gab dem dunkelbraunen Gesicht eine weise Ausstrahlung.

»Al'salam aleikum.«

»Aleikum Al'salam«, antwortete ich und schüttelte Shibrain die Hand.

Ich ging um den Toyota herum. Mit prüfendem Blick. »Wozu die drei Fässer auf der Ladefläche?«

Hussein sagte: »Ein Fass ist mit Trinkwasser gefüllt. Die anderen mit Diesel.«

»Wem gehört das Auto?«, fragte ich, als Hussein die Motorhaube öffnete.

»Einem guten Freund.«

»Und was will er dafür haben?«

»Mister Kay«, Hussein wurde lauter, »ich habe es Ihnen doch schon gesagt. 200 Dollar für alles.«

»Ich zahle 50 sofort und 50 in El Obeid.«

Hussein murmelte Shibrain ins Ohr.

»Mister Kay, 200 Dollar sind ein guter Preis. Aber für Sie mache ich einen Freundschaftspreis. 125 sofort und 50 in El Obeid.«

»Das ist zu viel. Außerdem sehe ich keinen Ersatzreifen und Wagenheber.«

»Kein Problem. Shibrain wird am Abend mit allem kommen.« »Warum am Abend? Ist es nicht gefährlich, nachts zu fahren?«

»Shibrain fährt lieber nachts. Dann es ist kühler, und er kann sich an den Sternen orientieren. Die Strecke nach El Obeid ist sicher.«

»Wirklich?«

»Keine Sorge.«

Ich hielt ihm meine rechte Hand hin.

»Okay, 100 sofort und 50 in El Obeid. Shibrain soll uns kurz vor Sonnenuntergang abholen. Mit Werkzeug und Ersatzreifen.«

Hussein schaute noch mal zu Shibrain und klatschte dann in meine Hand.

Shibrain kam später als geplant. Die Dunkelheit war schon hereingebrochen, als wir die letzten Behausungen von El Fasher hinter uns gelassen hatten. Vor uns die im Scheinwerferlicht angestrahlte Sandpiste, die sich ihren Weg wie eine weiße Schlange durch die Nacht bahnte.

Die erste Stunde verlief ohne Vorkommnisse. Autos waren uns nicht entgegengekommen. Dann die ersten Militärkontrollen. Schon von Weitem richteten die Soldaten ihre Taschenlampen auf unsere Windschutzscheibe. Es war ein schauriges Gefühl, nicht zu wissen, was sie wollten und wer hinter den Lichtstrahlen steckte. Sie hielten ihre geladenen Maschinengewehre ins Auto und verlangten unsere Pässe. Dann ein Gemurmel unter den Soldaten. Was machten ein Deutscher und Ghanaer am späten Abend in der Wüste? Shibrain erklärte den Soldaten unsere Situation. Das reichte. Bisher!

Shibrain orientierte sich nicht nur an der Sandpiste, sondern schaute auch zum nördlich liegenden Berg Jebel Umm Marahik, der mit dem aufsteigenden Mond immer besser zu sehen war.

Tief in der Nacht machten wir zum ersten Mal Rast. Auf dem Marktplatz von Dam. Wir waren nicht allein. An die 50 Kamele standen am Brunnen und tranken Wasser. Tuaregs saßen im Halbkreis am Feuer. Die Karawane war auf dem Weg zu den Tibesti-Bergen im Tschad. Tuaregs sind als Kämpfer berüchtigt und gefürchtet. In der »Zivilisation«

fügen sie sich, aber in der Wildnis herrschen für sie noch die Gesetze der Wüste. Sie tragen ihre Waffen und Munition meistens unter dem dunkelblauen Indigo-Gewand, das bis zu den Füßen reicht. Ihr Kopf ist in einen schwarzen Turban gehüllt. Nur ein schmaler Schlitz gibt ihre dunkelbraunen Augen preis. Die Tuaregs sind kaukasischen Ursprungs und werden als nomadische Abkömmlinge der nordafrikanischen Berber betrachtet. Sie sind im Sudan nicht sonderlich beliebt, da sie während der Kolonialzeit den Engländern beim Sklavenhandel geholfen hatten. Anscheinend kümmerte das Shibrain wenig. Er schien sich gut mit ihnen zu verstehen. Sudan ist ein Land voller Kontraste. Im Norden leben Araber, die hauptsächlich der islamischen Religion angehören. Im Süden wohnen Schwarze, die zum Christentum übergetreten sind oder einer Naturreligion angehören. Der seit Jahrzehnten wütende Bürgerkrieg zwischen dem Norden und Süden ist nicht nur ein Rassen- und Religionskrieg, sondern auch ein Kampf um Rohstoffe. Der Süden ist reich an Öl und Gas. Im Norden nichts als Wüste.

Kurze Zeit später saßen wir wieder im Pickup. Die Landschaft wurde hügeliger. Sanddünen wellten sich im Mondlicht. Immer mehr Sand sammelte sich im Innenraum an. Er kam durch allen Ritzen und Fugen. Sand in den Augen, in der Nase, in den Schuhen, überall. Dann passierte es. Wir blieben an einer steil ansteigenden Düne stecken. Shibrain schob den Gang raus und ließ den Pickup zurückrollen, um beim zweiten Anlauf mehr Schwung zu haben. Auch dieser Versuch scheiterte. Mustafa und ich luden das Gepäck aus und ließen Shibrain alleine die Sanddüne hochfahren. Wieder blieb er stecken.

»Mist, sonst hatte ich es immer geschafft«, schimpfte Shibrain, als er zurückgesetzt hatte.

»Vielleicht sollten wir es lieber morgen Früh versuchen«, warf ich ein, um die Spannung aus der Situation zu nehmen. Shibrain hörte nicht hin, sondern versuchte es weiter rechts. Unten war die Piste noch einigermaßen überschaubar, aber weiter oben verzweigten sich die Spurrillen wie zu einem Spinnennetz. Diesmal schoben wir den Wagen an, so weit es im tiefen Sand möglich war. Nach einigen Metern blieben Mustafa und ich erschöpft stehen und schauten Shibrain hinterher. Während er mit voller Drehzahl den Toyota die Düne hochschaukelte, ballte ich voller Hoffnung die linke Faust. Die Rücklichter tanzten in der Dunkelheit auf und ab. Wieder wollte der Motor am steilsten Punkt ausgehen, da schaltete

Shibrain kurz vor dem Abwürgen in den ersten Gang zurück, und wie ein Wunder verschwand der Pickup über den Kamm aus unserer Sicht.

Mustafa fiel mir in die Arme. Gemeinsam sprangen wir in die Luft. Geschafft. Shibrain, so sagten wir uns, war doch ein guter Fahrer. Wir wanderten mit dem Gepäck über die Düne. Ein eisiger Wind blies uns ins Gesicht. Wir schauten uns um. Nichts als Sanddünen. Von Shibrain und dem Pickup keine Spur. Vielleicht hatte er nur das Licht ausgemacht und wartete auf uns. Ich schrie in die sternenklare Nacht. Keine Antwort. Dann brüllte Mustafa. Totenstille.

Wir setzten uns in den Sand und rauchten.

Die Zeit verging und ich wurde unruhiger. Wo verdammt noch mal war Shibrain? Wie konnte das geschehen? Einen Moment lang überlegte ich, seinen Spurrillen zu folgen. Aber schon der Gedanke machte mir Angst, von Tuaregs oder wilden Tieren angegriffen zu werden.

»Was sollen wir machen?«, fragte ich Mustafa.

Ich fühlte mich hilflos.

»Am besten schlafen. Morgen sehen wir weiter.«

Ich bewunderte seine Gelassenheit.

Er zog sein Taschenmesser heraus und steckte es vor sich in den Sand. »Für alle Fälle.« Dann rollte er sich in eine Decke. Seine Ledertasche diente ihm als Kopfkissen.

Ich war noch zu aufgewühlt, um an Schlaf zu denken. Ich legte mich auf den Rücken und schaute in die Sterne. Es war still um mich herum. Ich griff in den kühlen Sand und ließ ihn durch meine geöffnete Hand gleiten. Ein beruhigendes Gefühl.

Sand wehte über mein Gesicht. Ich fuhr mit der Zunge über die trockenen Lippen. Die ersten Sonnenstrahlen wärmten meinen Körper, der in der Nacht gefroren hatte.

Noch immer keine Spur von Shibrain. Mustafa hatte sich im Schlaf die Decke über den Kopf gezogen. Er sah aus wie eine Mumie. Ich holte die Wasserflasche aus dem Rucksack und trank. Dabei wanderte mein Blick auf die vor mir liegende Landschaft. Wir befanden uns auf einer Anhöhe. Die aufgehende Sonne strahlte auf eine bräunliche Hügelkette. Das musste Westen sein, von wo wir gekommen waren. Im Osten sah ich Sanddünen, so weit das Auge reichte. Die Spur des Toyotas konnte ich über eine gewisse Distanz ausmachen, bevor sie sich am Horizont auflöste.

»Ich suche Shibrain. Bin bald wieder zurück«, schrieb ich auf einen Zettel und legte ihn unter Mustafas Taschenmesser.

Ich setzte die Sonnenbrille auf, schob den Panamahut ins Gesicht und schulterte den Rucksack, den ich mit einer vollen Wasserflasche und einem Klappmesser bestückt hatte. Ich folgte seinen Spurrillen. Shibrain konnte nur mit Allradantrieb gefahren sein, sonst wäre er hier stecken geblieben. Von einer Piste war nichts zu sehen.

Die Luft war noch kühl. Alles war still und klar. Mein Körper schien in der unendlichen Weite zu schweben. Es gab nichts, was mich in diesem Zustand hätte ablenken können. Langsam sackte ich zu Boden und begann heftig zu weinen. Es war die Freude, in einer unberührten Natur zu wandern. Diese beseelten Momente gab es nicht oft in meinem Leben. Es waren Zeiten, in denen ich liebte und geliebt wurde, in denen ich mich an Musik und Kunst berauschte, meinen kreativen Ideen nachging oder wie hier einer jungfräulichen Natur die Brust zeigte.

Wenn nicht die Sonne auf meinen Körper gebrannt hätte, wäre ich länger im Sand liegen geblieben. Ich stand auf, wischte mir die Tränen aus dem Gesicht, trank aus der Wasserflasche und folgte den Wagenspuren. Noch eine halbe Stunde gab ich mir. Dann wollte ich zurückkehren. Der Untergrund wurde steiniger und röter. Vermutlich lag es am Eisengehalt der Erde. Nicht nur die beginnende Hitze, sondern auch die Trockenheit machte mir zu schaffen. Ich cremte die Lippen ein und betupfte sie mit dem angefeuchteten Halstuch. Noch immer keine Spur. Weder von Shibrain noch von seinem Pickup

Mir kam die ganze Angelegenheit unheimlich vor. Bizarre Vorstellungen schwirrten durch meinen Kopf: Fahrerflucht, Mord, Selbstmord, wilde Tiere, Kidnapping. Wer weiß, was ich mir sonst noch alles in der Hitze ausgedacht hätte, wenn ich nicht am Horizont einen Gegenstand gesehen hätte, der in der Sonne reflektierte. Aus Neugierde beschleunigte ich meinen Schritt. Ich kam näher, konnte aber immer noch nicht ausmachen, auf was ich zusteuerte. Die Reflektion der Sonnenstrahlen war so stark, dass sie mich blendete. Ich hielt noch einmal an, trank und setzte meine Wanderung fort, diesmal schneller, beinahe hastig. Ich kletterte auf eine Düne, um Details auszumachen.

Shibrains Auto stand in einem ausgetrockneten Flussbett. Soweit ich sehen konnte, waren die Türen geschlossen. Als ich auf den Toyota zulief, sah ich ihn am Steuer, den Sitz in eine Liegeposition gestellt. Er schlief. Sein dicker Bauch drückte bei jedem Atemzug gegen das mit Fell verkleidete Steuerrad. Er schien die Hitze noch nicht zu spüren, denn ein knorriger Baum spendete dem Pickup Schatten.

Ich war glücklich und wütend zugleich. Er lebte, und das Auto war da. Aber warum hatte er nicht gestern Nacht auf uns gewartet? Dieser Idiot. Er richtete sich auf, nachdem ich mehrmals an der Fahrertür geklopft hatte. Noch etwas benommen drehte er das Fenster herunter und sagte: »Al'salam aleikum, Mister Kay, wo waren Sie? Ich habe die ganze Zeit am Auto gewartet.« Shibrain trank einen kräftigen Schluck aus meiner Wasserflasche und setzte sich die Sonnenbrille ins unrasierte Gesicht. Dann erzählte er seine Geschichte. Als er über die Sanddüne gefahren war, wollte er den Schwung nutzen und nicht anhalten, aus Sorge, wieder stecken zu bleiben. In seiner Aufregung kam er von der Piste ab, die sich andauernd verzweigte. Er fuhr so lange weiter, bis er festeren Boden unter den Rädern hatte, und das war hier im Flussbett. Er war sich sicher, dass wir seinen Spurrillen folgen würden. Er wollte uns nicht zu Fuß entgegenkommen, denn er hatte strikte Anweisungen vom Besitzer, das Auto nicht allein zu lassen.

So langsam konnte ich seine Situation nachvollziehen und ihm nicht verübeln, wie alles gekommen war.

Der Toyota bewegte sich trotz Allradantrieb nur langsam. Wir mussten wieder zur Piste finden, die Shibrain bei seinem Manöver aus den Augen verloren hatte. Er peilte eine im Norden liegende Hügelkette an. Auch Hussein deutete in die gleiche Richtung. Nach einer halben Stunde stießen wir wieder auf ausgefahrene Spurrillen.

Beim nächsten Militärposten erzwang sich einer der Soldaten einen Lift nach El Obeid. Er hatte mit hohem Wegzoll gedroht, falls wir seiner Bitte nicht nachkommen würden. Nun saß er mit seinem Gewehr auf der Ladefläche und schaute uns durch das hintere Fenster an. Wir wussten nicht, ob wir froh waren, eine bewaffnete Begleitung dabeizuhaben, oder bald mit Genickschuss im Graben liegen würden.

Nach einer Weile hatte die Monotonie uns wieder. Meine Augen waren auf die vor uns liegende Unendlichkeit fixiert. Eine flache, sandige Ebene breitete sich bis zum Horizont aus. Wir schwiegen. Nur die Gebetspausen und zwei weitere Militärposten unterbrachen die Reise.

Gegen Abend sahen wir mehr Verkehr. Voll beladene LKW kamen aus der Richtung von El Obeid. Shibrain hupte und war froh, wieder über eine asphaltierte Straße zu fahren. Wie auf Samt glitten die Räder dahin und ließen die vibrierenden Geräusche an der Karosserie verstummen, die für unsere Ohren zur Gewohnheit geworden waren.

An einer großen Kreuzung setzte Shibrain den Soldaten ab.

Dann sagte er zu uns:» Ihr müsst euch dort drüben bei der Polizeistation melden, bevor wir zum Hotel fahren.«

Ich hasste die Verwaltungsprozedur.

Mit schweren Knochen stiegen wir aus und schüttelten den Sand aus den Klamotten. Wir sahen fertig aus. Die Aufmerksamkeit der Polizisten war auf einen Schwarz-Weiß-Fernseher gerichtet. Ein Fußballspiel erregte die Gemüter. Sudan spielte gegen Libyen um die Qualifikation des Africa Cups. Jede Spielbewegung der Sudanesen in der gegnerischen Hälfte wurde beklatscht und bejubelt. Kaum auszudenken, wenn sie ein Tor schießen würden.

Missmutig stand einer der Polizisten auf.

»Das nächste Reiseziel?«, fragte er und schaute wieder auf den Bildschirm.

»Nach Khartoum, mit dem Bus, morgen«, sagte ich. »Und Sie?«

»Nach Mekka.«

Er stempelte unsere Pässe, nachdem er mit schnellen Handbewegungen die Seiten durchgeblättert hatte.

Auf den Moment kommt es im Leben an. Wären wir nach dem Spiel gekommen, hätten die Polizisten in ihrer Langeweile diese Formalität zu einem Verhör ausarten lassen können. Aber so saßen sie wie kleine Buben vor dem Bildschirm und sahen in uns eine lästige Unterbrechung. Ich brauchte nach der strapaziösen Fahrt ein Bier und eine Dusche. Nachdem ich Shibrain ausgezahlt hatte, setzte er uns im Hotel Nomad ab. Die Zivilisation hatte uns wieder. Die Betten waren mit weißen Laken bedeckt, und es gab warmes Wasser und ein Handtuch. Ich konnte auf diesen »Luxus« verzichten, solange die Bedürfnisse der Sauberkeit gegeben waren. Aber genauso liebte ich es, nach Tagen in der Wildnis ein Dach über dem Kopf zu haben und mich mit den Freuden des Lebens verwöhnen zu lassen. Im Hotelrestaurant bestellte ich gebratenen Hammel mit Reis und Rosinen. Ich legte dem Kellner einen Geldschein in die Hand und bat ihn, zwei Flaschen Bier zu »organisieren«. In diesem Moment kam Mustafa herein und setzte sich an den Tisch.

Er war aufgeregt und sagte: »Als ich aus der Moschee kam, habe ich am Bahnhof Halt gemacht.«

»Ja und?«

»Ich habe ein Ticket gekauft und fahre in einer halben Stunde nach Port Sudan, über Kosti und Kassala. Wenn's klappt, bin ich übermorgen in Port Sudan. Von dort brauche ich nur mit dem Schiff nach Jiddah überzusetzen und bin in Mekka.«

Er klatschte in seine Hände.

»Du hast es aber eilig.«

»Fünf Wochen war ich unterwegs. Ich möchte endlich ankommen.« Der Kellner kam herein und stellte zwei Flaschen Bier auf den Tisch.

»Was erhoffst du dir eigentlich von der Pilgerreise?«

Mustafa nahm die Nickelbrille ab und reinigte die Brillengläser mit einer Serviette.

»Die Reise ist ein Weg, um Allah näher zu kommen. Pilger, die den Haddsch – Wallfahrt nach Mekka – gemacht hatten, sagten mir, sie fühlten sich wie neugeboren, so als ob sie in ein neues Leben wandern würden.«

Ich zündete mir eine Zigarette an und trank mein Bier. Mustafa machte mich neugierig.

»Aber was ist mit den Moslems, die die Reise nach Mekka nicht bezahlen können?«

»Das macht nichts. Es gibt auch andere Wege, um Gott näher zu kommen«, dabei schaute er auf die Uhr.

»Und die wären?«

»Kay, warum hast du mir diese Fragen nicht in den letzten Tagen gestellt? Da hatten wir genug Zeit. Ich muss los.«

Wir umarmten uns. Dann eilte er zur Tür hinaus.

Zwei Tage später stand ich in Khartoum auf einer Brücke und schaute in die untergehende Sonne. Unter mir floss die längste Wasserader Afrikas, der Nil.

Wie viele Expeditionen waren damals von der Royal Geographic Society in London nach Afrika geschickt worden, um die Quellen des Weißen Nils zu entdecken? Erst die Expedition unter Leitung des Engländers Speke brachte 1862 das Geheimnis zu Tage, dass der Ursprung des Weißen Nils am Ausfluss des Lake Victoria bei Jinja in Uganda liegt. Ungefähr ein Jahrhundert vorher hatte James Bruce das äthiopische Hochland durchwandert und entdeckt, dass der Lake Tana die Quelle des Blauen Nils ist.

Ich schaute wieder auf den Fluss. Nur wenige Meter stromabwärts vereinten sich der Weiße und Blaue Nil zu einem gewaltigen Strom, der sich gemächlich sein Bett durch die sudanesische Wüste bahnt.

Ich stellte mir oft die Frage, ob ich nicht zur falschen Zeit auf die Welt gekommen bin. Wenn ich mir die Zeit meiner Geburt hätte aussuchen können, dann wäre es so um 1800 gewesen. Europa war schon zivilisiert, entdeckt, und der Raum für Menschen eng bemessen. Es war die Zeit der letzten großen Entdeckungen, die Zeit des Aufbruchs nach den letzten dunklen Flecken der Erde, der »Terra incognita«. Wild und unerschlossen lagen noch Anfang des 19. Jahrhunderts große Gebiete des afrikanischen Kontinents im Verborgenen. Ich hätte mir damals nichts sehnlicher gewünscht, als mit einer dieser Expeditionen nach Afrika zu reisen, um dort mein Heil in den letzten Geheimnissen des Schwarzen Kontinents zu suchen.

Kenia

»Unaufhörlich laufen die Hunde über die Steppen, auf der Suche nach Wölfen, um aus ihnen Hunde zu machen.« Antonin Artaud

Im morgendlichen Dunst schwebten wir über Khartoum und gewannen langsam an Höhe. Die grünen Uferböschungen des Nils verschwammen in einem Meer von sandigen Farben in der endlosen Wüste. Ich klappte meinen Sitz nach hinten, legte meine Beine auf den Nebensitz und genoss den Blick aus dem Fenster. Der Flug von Khartoum nach Nairobi war eine Reise in meine Vergangenheit. Die unter mir liegenden Landschaften im kenianischen Rift Valley riefen Erinnerungen wach an Zeiten, als ich dort unten am Baringosee gelebt hatte. Es waren satte, abenteuerliche Jahre. Ich schaute noch einmal über diese unvergesslichen Jahre hinweg, wo alles begann, meine Sehnsucht nach Afrika. Es war eine menschliche Begegnung der besonderen Art, die meine Neugierde zum Schwarzen Kontinent geweckt hatte.

Während meines Medizinstudiums in Italien lebte ich in einem kleinen Dorf in den Monferrato-Bergen, nur unweit der großen Metropole Turin. Von meiner kleinen Wohnung im ersten Stock eines alten Landhauses hatte ich einen herrlichen Blick auf die schneebedeckten Alpen und nahe gelegenen Weinberge, die berühmt für ihre piemontesischen Rotweine sind.

Die Besitzerin des Landhauses, Signora Torchio, bewohnte mit ihrem Kater das Erdgeschoss. Sie war eine stolze Witwe mit graumeliertem Haar, die trotz des hohen Alters auf ihr Äußeres sehr viel Wert legte. Im Frühling und Sommer sah ich sie in ihrem Garten durch die Obstbäume wandeln, so als ob nichts wäre. Dabei war sie fast blind. Die Sonne und warme Luft schienen dieser einsamen Frau ihre Vitalität zurückzugeben. Umso trister waren die nebeligen Wintermonate. Dann lud sie mich oft zum Essen ein, und ich reiste mit ihr in Gedanken nach Afrika. Sie erzählte von tief liegenden Wolken, lauen Abenden auf der Veranda, dem Geruch des Grases nach dem Regen und den immergrünen Teeplantagen

Kenia
Baringosee
Morigat
Bogoriasee
Äquator
Tugen Hills
Rift Valley
Laikipia Escarpment
Nakuru
Nakurusee
Mount Kenia
Naivasha
Naivashasee
Narok
Ngong Berge
Nairobi
Olorgesailie
Magadisee
Natronsee
Tansania
Kilimanjaro

in Sambia, wo sie über 30 Jahre mit ihrem Mann gelebt hatte. Solche Monologe entzündeten in ihr eine Begeisterung ohnegleichen.

Dann malte sie mit ihren Fingern Landschaften in die Luft und schäumte vor Leidenschaft über.

»Caro Signore Kay, ich hätte in Afrika bleiben sollen. Wenn ich nicht auf meinen Mann gehört hätte, würde ich heute noch dort leben.«

Mir wurde immer klarer, dass diese Frau im Zuge der allmählichen Erblindung fast nur noch in ihren Erinnerungen lebte und daraus ihre Lebensfreude zog. Mit erhobenem Finger mahnte sie mich: »Wir Italiener haben einen Namen für die fatale Sehnsucht nach Afrika, das »Mal d'Africa«. Ich kann es mit einem Rausch vergleichen, der mich immer wieder in den Bann gezogen hat, nach Afrika zurückzukehren, und sei es bloß in der Erinnerung. Afrika ist eine Droge. Lesen Sie Alberto Moravia und Sie wissen, wovon ich rede.«

Der italienische Schriftsteller war über 18 Jahre lang jedes Jahr mit seiner Lebensgefährtin Dacia Maraini nach Schwarzafrika gereist. Warum hatte er für viele Monate im Jahr Rom verlassen und die unbequemen, gefährlichen Reisen nach Ostafrika auf sich genommen? Worin lag seine Faszination? Waren es die atemberaubenden Landschaften und wilden Tiere? Oder tiefgreifendere Beweggründe? Später las ich einmal von ihm: *»Alle Kontinente dieser Erde haben eine Geschichte, Afrika hingegen hat eine »Anima«, eine Seele, welche ihren Platz in der Geschichte hat.«*

Warum war Afrika ein beseelter Kontinent? Was meinte Moravia damit? Seine afrikanischen Erzählungen machten mich neugieriger, aber auch ungeduldiger. Sie fesselten mich und stärkten meinen Entschluss, schon bald nach Afrika aufzubrechen.

Nach dem Physikum wechselte ich an die Freie Universität Berlin. Neben den Pflichtvorlesungen besuchte ich mit wachsendem Interesse die tropenmedizinischen Seminare. Die dort gewonnenen Kontakte waren das Sprungbrett für meinen ersten langfristigen Aufenthalt in Afrika. Schon bald beantragte ich ein Feriensemester und buchte einen Flug nach Malawi. Ich kannte bis dahin dieses unscheinbare Land zwischen Tansania, Sambia und Mosambik nicht. In Aluminiumkisten verstaute ich die

Laborausrüstung für meine Doktorarbeit. Ich hatte vor, im afrikanischen Busch über eine tropische Wurmerkrankung zu forschen.

In Europa lebte ich in einer strukturierten und organisierten Welt, die mir zuwenig Handlungsspielraum erlaubte. In Malawi war ich aufgefordert, mein Leben selbst in die Hand zu nehmen. Wenn ich es nicht gemacht hätte, wer hätte es sonst getan?

Nach meiner Rückkehr aus Malawi erzählte ich meinen Freunden von den Erfahrungen im Busch und den Begegnungen mit der einheimischen Bevölkerung. Ich erzählte ihnen auch von den Reisen durch Zimbabwe, Botswana, Namibia und Südafrika, die ich nach der Feldforschung unternommen hatte. Meine Erlebnisse waren für die Zuhörenden exotisch und verlockend.

Afrika war für mich auch der Anfang einer inneren Reise. Henry Miller hat einmal geschrieben: *»Es gibt nur ein einziges großes Abenteuer, das innere Abenteuer, die Suche nach unserem Selbst, und dabei spielen weder Zeit noch Raum, ja nicht einmal Taten eine Rolle.«*

Ich bin der Überzeugung, dass man sich als Mensch auf diese abenteuerliche Reise begeben sollte. Wenn wir darin versagen, ist es ganz gleichgültig, was wir sonst auch immer im Leben finden mögen.

Ich kam aus Afrika mit einem omnipotenten Gefühl zurück. Ein enormes Selbstvertrauen floss durch meinen Körper. Afrika war für mich der Aufbruch in die Tiefe meiner Seele. Freunde sagten mir, für diese Erkenntnis hätte ich nicht nach Afrika zu fahren brauchen. Vielleicht. Ich fühlte jedenfalls in mir, dass ich über die Tiefe und Dunkelheit des Kontinents auch die dunkle und mysteriöse Seite meiner Seele entdecken konnte.

Nach dem Studium verließ ich Berlin und ging nach England. Während meines einjährigen Aufenthaltes an der London School of Hygiene and Tropical Medicine bekam ich den letzten Schliff für meine zukünftige Forschungstätigkeit. In Malawi war mir klar geworden, dass ich für den klinischen Alltag im Krankenhaus nicht geeignet war. Zum einen fehlte mir die innere Einstellung, auf einer Bettenstation zu arbeiten. Zum anderen war ich in Notfallsituationen überfordert, sodass ich manche falschen Entscheidungen traf, die ohne erfahrene Aufsicht für die Patienten hätten lebensgefährlich sein können. Außerdem lag mir nicht viel an täglicher Routine.

Aber in der tropenmedizinischen Forschung konnte ich neue Ideen entwickeln und umsetzen, und damit war ich wieder in der Welt der Entdeckungen. Die Neugierde machte mich umtriebig. Sowie ich auf einer inneren Reise war, so war ich auch auf einer Entdeckungsreise in der Wissenschaft und Geografie.

Meine Entdeckungslust versuchte ich in London damit zu stillen, indem ich an den Wochenenden das Britische Museum besuchte. Ich liebte die dunklen Räume mit ihren verstaubten, ägyptischen Mumien und Sarkophagen. Das versetzte mich in eine andere Zeit und Welt. In einem der Säale sah ich Ausgrabungen von jordanischen und syrischen Tempelanlagen, und in diesem Zusammenhang wurde auch der Name T. E. Lawrence erwähnt. Schon als Junge hatte ich mir den Film »Lawrence von Arabien« mehrmals angeschaut. Nicht nur die weiten Wüstenlandschaften Jordaniens imponierten mir, sondern auch seine heroische Tat, die er konsequent und kompromisslos umgesetzt hatte. Mein Interesse ging so weit, dass ich vorübergehend Mitglied der Lawrence of Arabia Society wurde. Ich wollte erkunden, worin der Ursprung seiner Rastlosigkeit lag. Was bewegte einen Mann, dieses Leben zu führen?

Als Brite hatte Lawrence etwas geschafft, was die Araber bisher nie erreicht hatten. Er hatte mit der Vision eines unabhängigen arabischen Großreiches und der militärischen Unterstützung Großbritanniens die arabischen Stämme vereint, um die Türken aus Arabien zu vertreiben. Doch leider merkte Lawrence zu spät, dass er von seinen eigenen Landsleuten benutzt wurde. Anstatt den Arabern die Unabhängigkeit zu geben, teilten England und Frankreich Arabien unter sich auf. Voller Selbstzweifel und Enttäuschungen zog sich Lawrence auf seinen kleinen Landsitz in Südengland zurück. Nur die abendlichen Motorradfahrten durch Dorset halfen ihm vorübergehend, zu seinem lebendigen Temperament zurückzufinden. Es war der Rausch der Bewegung, die Freiheit in der Natur, die Einsamkeit in der Dunkelheit der Nacht, der Sternenhimmel, all das, wonach er sich in Arabien zurücksehnte, suchte und fand er zumindest in Augenblicken während seiner Motorradausflüge. Ob er auf seiner letzten Motorradfahrt einem entgegenkommenden Fahrzeug ausgewichen oder absichtlich in den Straßengraben gefahren ist: Dieses Geheimnis hat Lawrence für immer in sein Grab mitgenommen.

Eine Frauenstimme riss mich aus meinen Gedanken. »Fasten your seat belt and put your table in an upright position. We are starting our descent to Nairobi.«

Auf der linken Seite schimmerten die Lichter der Großstadt im Dunst der untergehenden Sonne. Kenia hatte mich wieder. Es war angenehm kühl, als ich aus dem Flugzeug stieg. Nairobi liegt mehr als 1600 Meter über dem Meeresspiegel.

Alain, ein langjähriger, schottischer Freund, holte mich vom Flughafen ab. Er lebte schon über 20 Jahre in Kenia. Ich kannte ihn noch als unternehmungslustigen Junggesellen. Als Vater von drei jungen Töchtern ließ er das Leben nun ruhiger angehen. Manchmal packte ihn aber noch der sportliche Ehrgeiz. Dann kletterte er auf den Mount Kenia oder versuchte sich an einem Marathonlauf.

Nach einer guten halben Stunde erreichten wir sein Haus in Karen. Dieser noble Stadtteil von Nairobi am Fuße der Ngong-Berge ist nach der dänischen Schriftstellerin Karen Blixen benannt, die durch ihren Roman »Jenseits von Afrika« berühmt geworden ist. Alain und seine Familie wohnten hinter hohen Mauern und Stacheldraht in einem wunderschönen kolonialen Haus umgeben von einem Garten mit alten Bäumen und tropischen Pflanzen. Ein bewaffneter Wachmann öffnete das Tor. Zwei bellende Hunde sprangen mich an, als ich aus dem Land Rover stieg.

Später machten wir es uns in seinem Wohnzimmer am Kamin bequem. Ich saß auf einem dunkelbraunen Ledersofa. Berberteppiche lagen zu meinen Füßen. Alain stocherte mit einem Eisenstab in der Glut. In der linken Hand hielt er ein halb volles Whiskeyglas.

»Kay, du hast Kenia zum richtigen Zeitpunkt verlassen. Wir fühlen uns nicht mehr sicher in diesem Land. Bisher sind wir von Einbrüchen verschont geblieben. Aber immer häufiger hören wir von Freunden, die überfallen worden sind. Manchmal mit tödlichem Ausgang. Ich habe Angst um meine Frau und Kinder.«

Ich zog meine Schuhe aus und sagte: »Aber hast du das nicht vorhergesehen? Die Landflucht zieht doch immer mehr Menschen nach Nairobi, in der

Hoffnung, Arbeit zu finden. Und wenn ihr Traum nicht in Erfüllung geht, nehmen sie Drogen und driften in die Kriminalität oder Prostitution ab.«

»Ich wollte es nicht wahrhaben. Erst kürzlich las ich in dem Buch »Jenseits von Amerika« von dem amerikanischen Journalisten ... wie heißt er noch? Egal. Auf jeden Fall lebte er Anfang der Neunziger in Nairobi. Hast du es auch gelesen?«

»Ja, angelesen. Ich glaube Richburg war es. Ein Schwarzer. Wollte er nicht wissen, wie es um den Kontinent seiner Vorfahren steht?«

Alain kratzte sich am Kopf und fuhr sich dann mit der rechten Hand über seinen getrimmten Schnauzbart. »Ja, dann weißt du ja, was drinsteht. Auf jeden Fall findet er in Afrika nichts als Chaos und fängt an, diesen Kontinent zu hassen. Genauso wie ich.«

»Für mich hat er aus einer einseitigen Perspektive geschrieben. Wenn einer in Nairobi lebt, umgeben von hohen Mauern, Schäferhunden, Alarmanlage und Wachpersonal, und seine Erfahrungen niederschreibt, die er in Bürgerkriegen in Somalia, Ruanda und Liberia gemacht hat, dann kann er nur ein pessimistisches Bild von Afrika wiedergeben. Das wäre ja genau so, als wenn ich als afrikanischer Journalist in Moskau leben würde und über die Bürgerkriege in Nordirland, Bosnien und Albanien berichten würde. Dann käme Europa auch nicht gut weg. In einigen Punkten mag Richburg recht haben. Aber er hat viele afrikanische Länder nicht gesehen und darüber hinaus versäumt, über verborgene Qualitäten zu sprechen, die Afrikaner haben, aber nicht nutzen. Möchtest du hören, wie ich die Zukunft Afrikas sehe?«

»Kay, ich kenne dich doch. Rede nicht wieder von der Wiege der Menschheit und den weiten Landschaften. Das sind Schwärmereien.«

»Das ist eine romantische Sichtweise. Meine persönliche Meinung ist eine andere: Korruption, Stammesauseinandersetzungen und die rapide ansteigende Bevölkerung werden den Kontinent in Anarchie stürzen. Und der Westen wird bei dieser wirtschaftlichen und politischen Katastrophe nur noch zuschauen, denn die auf dem Kontinent wütenden Bürgerkriege werden genauso wenig zu beenden sein, wie ein vom Wind angefachter Flächenbrand zu löschen ist. In dieser ganzen Tragik sehe ich aber auch eine Chance, ja eine Zukunft für Afrika, und da unterscheide ich mich von Richburg und auch von dir. Aus dem Chaos könnten die Afrikaner wieder das entdecken, was sie für viele Jahre verloren glaubten. Aus der Asche könnten sie wieder zu ihrer Identität und Spiritualität finden, die ihnen die arabischen Sklavenhändler und Kolonialmächte genommen hatten. Der große Vorteil der Afrikaner ist, dass sie tief im Inneren noch ihre Seele spüren, wohingegen wir im Westen gar nicht mehr wissen, was das eigentlich ist.«

»Kay, das ist mir alles zu philosophisch. Lass uns schlafen gehen. Ich nehme an, dass du morgen Früh nach Baringo fahren willst.«

Bevor Alain zu Bett ging, gab er mir seine Autoschlüssel. Er überließ mir immer seinen alten, dunkelgrünen Land Rover, wenn ich in Kenia auf Safari ging.

Kurz nach Sonnenaufgang drehte ich den Zündschlüssel herum und fuhr hinaus in die afrikanische Wildnis. Die Luft war noch klar und weit. Der Land Rover gewann langsam an Höhe. Hinter dem Ort Kikuyu sah ich die ersten Tannen- und Zedernwälder. Eine Landschaft wie im Schwarzwald. Es roch nach Harz und Moos. Junge Burschen vom Stamm der Kikuyu standen am Straßenrand und hielten mir mit ausgestreckten Armen lebende Kaninchen hin. Einige von ihnen verkauften auch Kartoffeln, Möhren und Rhabarber. Sie trugen dicke Jacken und weiße Mützen aus Schafsfell. Es war sehr kalt an diesem Morgen, auf über 3000 Meter.

Hinter Limuru brach das Rift-Valley durch. Ein Tal von gewaltigem Ausmaß, das sich in der nordsüdlichen Ausdehnung von Jordanien bis

nach Mosambik erstreckt. Die Dramaturgie dieses langen, weiten Tales mit den angrenzenden Bergen hatte schon immer eine dämonische Kraft auf mich gehabt. Freude und Angst machten sich breit, weil ich das Gefühl hatte, sowohl dem Ursprung des Lebens als auch dem Tod so nahe zu sein. Wie an keinem anderen Ort der Welt fühlte ich hier eine ewige Ruhe. Hier wies mir die Natur ihren Platz zu, hier war ich Kräften ausgeliefert, über die ich keine Kontrolle hatte.

Warum sollte gerade hier der Ursprung der Menschheit sein? Genetischen Untersuchungen zufolge begann die Geschichte der Menschheit vor über sieben Millionen Jahren, als sich die Entwicklungslinien des Menschen und der heutigen Menschenaffen voneinander trennten. Die ältesten bekannten Fossilien menschlicher Vorfahren stammen aus dem Tschad und dem ostafrikanischen Rift-Valley und sind etwa sechs bis sieben Millionen Jahre alt. Es handelt sich um *Ardipithecus* und *Australopithecus*, die bereits wie Menschen aufrecht gingen.

Die ersten Hominiden, die höher entwickelt erscheinen als die *Australopithecinen,* wurden 1960 von Louis Leakey und seiner Frau im Norden Tansanias in der Olduvai-Schlucht gefunden. Die Fragmente eines hochentwickelten Hand- und Fußskeletts veranlassten die Wissenschaftler zu der Vermutung, einen Hominiden gefunden zu haben, der dazu befähigt sein musste, Steinwerkzeuge herzustellen, die man in großer Zahl in Olduvai gefunden hatte. Aus diesem Grund benannten sie die Gattung *Homo habilis,* den geschickten Menschen, der vor ungefähr 2,5 Millionen Jahren das ostafrikanische Rift-Valley bewohnte.

Zwischen 1984 und 1988 machten Alan Walker und Richard Leakey, der Sohn von Louis Leakey, einen sensationellen Fund in Nariokotome in Nordkenia. Sie gruben ein fast vollständiges Skelett eines heranwachsenden Mannes aus, der vor ungefähr 1,5 Millionen Jahren lebte. Er gehörte zur Gattung des *Homo erectus.* Diese Art hat sich bereits kurz nach ihrer Entstehung – vor circa zwei Millionen Jahren – über ein riesiges Gebiet ausgebreitet. Fossilfunde gibt es aus Afrika, Asien und Europa. Das Leben von *Homo erectus* unterschied sich von dem seiner Vorfahren. Er war wahrscheinlich der erste erfolgreiche Jäger. Er benutzte bereits Feuer und einen Faustkeil, den er zum Graben, zur Zerlegung der Jagdbeute und zum Holzhacken einsetzte. Er war nicht mehr allein ein Pflanzenfresser wie seine Vorfahren, sondern er ernährte sich immer häufiger auch von Fleisch. Möglicherweise war die Jagd auch die Triebkraft, die den *Homo erectus* bewegte, Afrika zu verlassen und nach Europa und Asien vorzudringen.

Auch die Entwicklung vom *Homo erectus* zum *Homo sapiens* hat nach Untersuchungen neuer Fossilfunde in Afrika früher stattgefunden als anderswo. Im Gegensatz zu Europa, wo der moderne Mensch erst vor etwa 35.000 Jahren unmittelbar auf den Neandertaler folgte, oder im Fernen Osten, wo der moderne Mensch ebenfalls erst vor rund 40.000 Jahren nachweisbar ist, tritt er in Afrika schon vor mehr als 100.000 Jahren auf. Warum die Entwicklung des Menschen in Afrika schneller voranschritt als anderswo, bleibt Spekulation. Zweifelsohne haben in Afrika geologische Veränderungen und der Klimawechsel den Verlauf der menschlichen Evolution begünstigt, zumindest aber entscheidend beeinflusst. Zu der Zeit, als die menschliche Entwicklung begann, breiteten sich fruchtbare Grasländer über Afrika aus. Allerdings führte vor ungefähr 2,5 Millionen Jahren die Verschlechterung des Klimas und die Bildung des afrikanischen Grabenbruches zu einer extremen Fragmentierung der ostafrikanischen Umwelt. Fanden unsere Vorfahren ideale Voraussetzungen im ostafrikanischen Rift-Valley vor? Oder waren es vielmehr die hervorragenden Konservierungen im Rift-Valley, die es zu einer einzigartigen Fundgrube für Paläoanthropologen machte?

Ich spürte jedes Mal eine evolutionäre Kraft, wenn ich von Nairobi in das Rift-Valley fuhr. Dort war die Landschaft karg, wild und rau. Auf den ersten Blick unfruchtbar und leblos. Aber vor Millionen von Jahren mussten die Bedingungen andere gewesen sein. Wie alle mystischen Orte auf dieser Erde zeichnet sich auch dieser durch das aus, was man nicht sieht.

Richard Leakey wurde einmal gefragt, was die Menschen immer wieder nach Afrika treibt: »*Es ist die genetische Erinnerung. Es gibt dafür allerdings keine wissenschaftliche Erklärung. Viele Menschen kommen nach Afrika und empfinden hier etwas, was es sonst nirgendwo gibt. Es sind nicht nur die atemberaubenden Landschaften und wilden Tiere. Es ist der Ort. Es handelt sich um eine Erinnerung, die sehr ursprünglich ist. Es ist ein ähnliches Gespür, nach Hause zu finden wie die Tauben oder die Lachse. Und doch sagen die Genetiker, dass es dafür keine Beweise gibt. Wie erklärt man aber den genetischen Ursprung des Instinkts? Wie ist es möglich, dass der Lachs dorthin zurückkehrt, wo er geboren ist? Unsere Vorfahren hatten in ähnlichen Landschaften gelebt, wie wir sie heute in der Serengeti vorfinden.*

Es könnte sein, dass in unseren Genen eine uralte Erinnerung von unserer ursprünglichen Lebenswelt erhalten geblieben ist.«

Als ich vor vielen Jahren das erste Mal durch das Rift-Valley fuhr, glaubte ich, diese Landschaften schon einmal gesehen zu haben. Es war für mich wie ein »fossiles Déjà-vu-Erlebnis« oder, wie es Richard Leakey beschrieben hatte, *eine genetische Erinnerung vergangener Zeiten – genetic memory of ancient times.* Es gibt im Französischen den Begriff »lieu naturel« – natürlicher Ort. Das ist der geografische Ort, an dem jemand unwiderruflich hingehört. Das Rift-Valley gab mir von jeher das Gefühl, nach Hause zu kommen. Wahrscheinlich lag mein Drang, nach Afrika zu reisen, in der ständigen Erfüllung, zu meinen Wurzeln zurückzukehren.

Auch Carl Gustav Jung, einer der Begründer der Psychologie, fühlte sich in Afrika zu Hause. Nachdem er Kenia 1925 zum ersten und letzten Mal besucht hatte, sagte er: *»Ich empfand ein tiefes Gefühl in das Land meiner Jugend zurückzukehren, als würde mich eine Erfahrung aus unvordenklichen Zeiten wieder einholen, so als ob alles schon einmal passiert wäre.«*

Ich zündete mir eine Zigarette an und richtete meine Gedanken auf die Gegenwart. Der Dieselmotor von Alains Land Rover dröhnte gewaltig, als ich an Fahrt gewann und in das Rift-Valley hineinrollte. Auf der linken Seite war die Silhouette des Longonot zu sehen. Majestätisch erhob sich dieser erloschene Vulkan über die karge Savanne. Vereinzelte Giraffen wanderten mit einer Ruhe durch Zeit und Raum, als wären sie schon immer hier gewesen. Erhabene Tiere in weiter Landschaft. In nördlicher Richtung kam der tiefblaue Naivashasee zum Vorschein, und weiter östlich sah ich in der Ferne die Konturen der bis zu 4000 Meter hohen Aberdare-Berge.

Ich liebe Kenia besonders wegen der landschaftlichen Vielfalt. In der ehemaligen britischen Kolonie gibt es schneebedeckte Berge, Savannen, Wüsten, tropische Regenwälder, das Rift-Valley, den Indischen Ozean und Salz- und Süßwasserseen wie den riesigen Viktoriasee.

Im Laufe des Vormittags wurde es heißer und trockener. Ich kurbelte das Fenster herunter und ließ meinen ausgestreckten Arm im Fahrtwind baumeln. Ich träumte vor mich hin, während die herrliche Landschaft an mir vorbeiglitt.

Warum war ich wieder in Kenia?

Vor vielen Jahren hatte ich in Köln einen seltsamen Tagtraum, als ich zwischen zwei Telefonanrufen in den Himmel schaute und die Wolken zählte. In einem Zustand der Losgelöstheit hatte ich auf einmal aus meinem Unterbewusstsein eine zündende Idee hervorgelockt. Ich wollte tropenmedizinische Fortbildungsreisen für Ärzte in Kenia und Uganda anbieten.

Was war die Zielsetzung? Immer häufiger kehren Touristen mit tropischen Infektionskrankheiten von ihren Fernreisen zurück. Viele Ärzte aus Europa und den USA haben Tropenkrankheiten noch nie gesehen und sind nicht in der Lage, diese zu diagnostizieren. Eine steigende Zahl von Todesfällen bei Malariapatienten – und auch anderen Infektionskrankheiten – ist die Folge.

Aus diesem Grund hatte ich mich entschlossen, zweimal im Jahr eine begrenzte Anzahl von Ärzten aus Europa und Amerika mitzunehmen und sie für jeweils zwei Wochen in Kenia und Uganda auf dem Gebiet der Tropen- und Reisemedizin auszubilden. Mit dieser Idee verband ich das Angenehme mit dem Nützlichen. Ich verdiente mein Geld als Organisator und kehrte zu meinen »afrikanischen Wurzeln« zurück. Die teilnehmenden Ärzte machten praktische Erfahrungen in den Krankenhäusern und die Patienten wurden mit Medikamenten versorgt. Ich nannte die Idee »Tropical Medicine Expedition« und warb für die Fortbildungsreisen auf internationalen Kongressen und über meine Hompage (www.tropmedex.com).

Meine jetzige Reise zum Baringosee galt der Vorbereitung für die nächste Expedition nach Kenia. Ich wollte einige Krankenhäuser besuchen und Kontakt zu meinen früheren Mitarbeitern aufnehmen.

Kurz vor Nakuru winkte mich ein feister Polizist mit tief sitzender Kappe und Hängebauch aus dem Verkehr. Während er mit mir sprach, schaute er nach rechts und links. Meine Dokumente sollte ich zeigen. Ich holte Wagenpapiere und internationalen Führerschein aus dem Handschuhfach und hielt sie ihm unter die Sonnenbrille.

»Warum haben Sie keinen kenianischen Führerschein?« »Weil ich erst seit gestern in Kenia bin.«

»Das ist nicht von Relevanz. Das Gesetz besagt, dass jeder Fahrer einen kenianischen Führerschein braucht.«

Ich wusste von Alain, dass ich als Tourist bis sechs Wochen nach Einreise mit dem internationalen Führerschein fahren konnte. »Mr. Schaefer, das kostet Sie eine Strafgebühr.«

Er schaute mir dieses Mal in die Augen und dann in den Innenraum wie eine diebische Elster. Ich blieb hartnäckig und zahlte nicht. Nachdem er die Sonnenbrille über seine Nase geschoben hatte, reichte er mir mit einem Grinsen die Papiere: »Sie haben Glück, das nächste Mal sind sie dran.« Hinter mir wurden weitere Fahrer aus dem Verkehr gewinkt und aufgefordert, ihren »Wegzoll« zu zahlen.

Hinter Nakuru wurde es noch trockener und heißer. Die Straße führte mich auf die untere Talsohle des Rift-Valleys. So als würde ich langsam in einen Glutofen hineinfahren. Die Sonne brannte erbarmungslos auf die braune Erde und löste an manchen Stellen den Asphalt auf der Straße auf. Kamele kauerten unter Schirmakazien. Stacheliges Gestrüpp und allein stehende Euphorbien säumten den Straßenrand.

Nachdem ich den Äquator in nördlicher Richtung passiert hatte, taten sich immer häufiger bizarre Erdformationen auf. Es waren meterhohe, erodierte Termitenhügel, die mit ihren schlanken Silhouetten an Giacometti-Skulpturen erinnerten. Skurrile Erscheinungen in karger Landschaft. Hirtenjungen vom Stamm der Kalenjin, kaum bekleidet, kreuzten mit Ziegen- und Schafherden die Straße.

Jenseits des Äquators ließ ich, als ob diese imaginäre Linie das Tor zu einer andere Welt öffnete, die Zivilisation hinter mir. Ich war wieder auf dem Weg zu meinem »lieu naturel«, dem Ort, wo ich unwiderruflich hingehörte. In der Ferne konnte ich die Umrisse des Baringosees erkennen. Wie ein liegender, lang gezogener Spiegel schimmerte der See in der untergehenden Abendsonne. Nordöstliche Winde versprachen aufkommende Brandung. Schneeweiße Egrets lösten sich aus dem Schilf und begaben sich in die Lüfte. Wer weiß, wohin ihre Reise führte? Vielleicht nur bis auf die andere Seite des Seeufers, oder war es der Aufbruch zu einem weiten Flug an den smaragdfarbenen Turkanasee im Norden Kenias? Ich folgte ihnen in nördlicher Richtung mit dem Land Rover, bis ich das abgelegene Grundstück meiner Freunde Elisabeth und Murray erreichte. Ich quartierte mich bei ihnen für die kommenden Tage ein.

Am nächsten Morgen besuchte ich meinen damaligen Mitarbeiter Chirchir in Loruk. Schwerfällig nahm der Land Rover die letzte Steigung zu dem kleinen Dorf am Ende des Baringosees. Weiter im Norden leben Nomaden vom Stamm der Pokot. Sie sind stolze und anmutige Menschen, die noch in vielen Bereichen an ihrer Tradition und Kultur festhalten. Im Gegensatz dazu leben die Njemps und Tugen – ebenfalls Stämme nilotisch-hamitischen Ursprungs – ein eher sesshaftes Leben um den Baringosee und haben einen Großteil ihrer Traditionen aufgegeben. Die Njemps widmen sich vor allem dem Fischfang. Die Tugen leben von der Landwirtschaft und ihren Kühen, Schafen und Ziegen.

Hinter Loruk bog ich rechts von der asphaltierten Straße ab und folgte einem kleinen Weg. Die Gegend war karg und steinig. Chirchir lebte mit seiner Familie in zwei nebeneinander stehenden runden Lehmhütten. Ziegen und Schafe standen in einem Kral aus lose zusammengelegten Zweigen.

Ich stellte den Motor ab.

Eine hagere Gestalt trat aus der Hütte ins Sonnenlicht. Chirchir sah krank aus. Sein hohlwangiges Gesicht und die tiefen Ränder unter den entzündeten Augen zeugten von schlechter Gesundheit. Ich dachte bei mir, dass er viel zu schwach sei, um zu arbeiten.

Wie er mir erzählte, hatte ihn die Malaria in den letzten Tagen ans Bett gefesselt. Als Chirchir zwei kleine Holzschemel aus der Lehmhütte holte, kam seine Frau mit ihrem jüngsten Sohn auf dem Arm. Es war ihr siebtes Kind. Voller Stolz nannte Chirchir seinen Namen, aber noch viel stolzer war er auf seine angewachsene Schaf- und Ziegenherde.

Chirchir kannte man im Umkreis von mehreren 100 Quadratkilometern als den Health-Worker, der in die entlegensten Dörfer seines Einzuggebietes wanderte und dort nach Kala-Azar-Patienten Ausschau hielt. Kala-Azar ist eine durch Sandfliegen übertragbare chronische Infektionskrankheit, die in den Subtropen und Tropen vorkommt und ein ähnliches Krankheitsbild verursacht wie Malaria. Sofern sich der Verdacht nach der klinischen Untersuchung und einem serologischen Test bestätigte, wurden die Patienten von Chirchir ins Kenya Medical Research Institute nach Nairobi eingewiesen. Die Methode, die er umsetzte, nannte man »Active Case Finding«. Die Patienten kamen nicht zu ihm, sondern er suchte sie im Busch auf. Damit verhalf er ihnen zu einer frühen Diagnose. Auf der anderen Seite konnte er in der häuslichen Umgebung epidemiologische und demografische Daten sammeln, die nach Auswertung Aufschlüsse über die Risikofaktoren und Verbreitung der heimtückischen Infektion gaben.

Ich hatte von Chirchir viel lernen können, als ich vor vielen Jahren mein Forschungsprojekt über Kala-Azar in Baringo aufbaute. Zudem war Chirchir für mich eine Schlüsselfigur gewesen, um Zugang zu der einheimischen Bevölkerung zu finden. Ich weiß noch genau, wann und wo er mich damals den Oberhäuptern der verschiedenen Stämme vorstellte.

Wir trafen uns an einem sonnigen Nachmittag unter einem Baobabbaum. In einem Halbkreis saßen die Stammesältesten der Tugen, Njemps und Pokot auf ihren Holzhöckerchen und hörten zu, was Chirchir in Kiswahili über das zukünftige Kala-Azar-Projekt zu sagen hatte. Sie waren misstrauisch und distanziert. Was wollte ein »mzungu daktari« – weißer Arzt – für drei Jahre in Baringo tun? Und wenn er in guten Absichten kam, was konnte er machen? Ein alter Pokot-Chief mit grauem Bart und ausgefransten Ohrläppchen, an denen schwere Eisenohrringe hingen, stand auf und sagte, dass seine Frau und Kinder Durchfall hätten. Er wollte Medikamente. Auch ein Njemps-Häuptling meldete sich zu Wort. Er wickelte eine rotkarierte Decke um seinen Körper, erhob sich und sagte: »Daktari, ich habe Kopfschmerzen und mir tun die Beine weh.« Auf einmal waren sie alle krank und wollten Medikamente. Wir mussten den Oberhäuptern klar machen, was wir für die Bevölkerung tun würden und was nicht. Wir konnten bei den Menschen eine körperliche Untersuchung und einen serologischen Test machen und Patienten mit Verdacht auf Kala-Azar zur weiteren Diagnostik und Behandlung nach Nairobi bringen. Des Weiteren wollten wir die Bevölkerung aufklären, wie man sich vor der Infektion schützen konnte. Wir waren nicht gekommen, um andere Krankheiten zu behandeln. Noch hatten wir die Erfahrung und medizinische Infrastruktur, um chirurgisch oder gynäkologisch tätig zu sein. Dafür waren das Krankenhaus in Kabarnet und das Health Center in Marigat zuständig. Verärgert setzten sich die Zuhörer wieder hin. Erst Monate später, nachdem die ersten Kala-Azar-Patienten entdeckt und erfolgreich behandelt worden waren, lernten die Stammesältesten das Projekt zu schätzen.

»Chirchir, bist du bei Kräften, oder steckt die Malaria immer noch in deinen Knochen? Ich würde dich nämlich gerne bei deiner Arbeit begleiten, so wie damals.«

»Ich bin schon wieder auf den Beinen. Wir Tugen sind zäh. Ich wollte heute an den Bogoriasee fahren. Dort scheint es neue Kala-Azar-Fälle zu geben. Ich habe keine Ahnung, warum …«

Ich fiel ihm ins Wort. »Lass uns hinfahren.«

Er sprach kurz mit seiner Frau und verschwand dann in der Hütte, um seine Feldausrüstung zu holen. Er hatte seine dunkelbraune Allwetterjacke übergestreift und eine beige Kappe aufgesetzt. In der linken Hand trug er den umgerüsteten Anglerkoffer aus Plastik, den ich ihm am Ende meiner Feldforschung geschenkt hatte.

Auf der Fahrt erzählte ich Chirchir von der tropenmedizinischen Expedition, die bald in Kenia stattfinden würde. In Baringo stand das Krankheitsbild der Kala-Azar auf dem Programm. Chirchir, so war mein Plan, sollte die Feldexkursion leiten.

Gelangweilte Ranger saßen am Eingang zum Lake Bogoria National Reserve. Selten kamen unter der Woche Menschen an diesen abgelegenen Salzwassersee, der wegen seiner vielen Flamingos und atemberaubenden Landschaft vor Jahren zum National Reserve erklärt worden war. Bewaldete Berge rahmen den See am Ost- und Nordufer ein. Dieser See hat eine so friedliche Ausstrahlung, als ob er für die Ewigkeit geschaffen wäre. Ich dachte jedes Mal bei mir, dass sich Elefanten früher diesen Ort zum Sterben ausgesucht hatten. Leider sind sie in der Mitte des letzten Jahrhunderts in dieser Gegend ausgerottet worden.

Der Eintrag der Ranger in das Register las sich wie folgt:

Time:	09.12 a.m.
Vehicle Registration:	KPU 568, Land Rover
Foreign visitor:	Kay Schaefer, Germany, Doctor
Resident:	Samuel Chirchir, Kenya, Health Worker
Reason:	On medical mission to check Kala-Azar patients in Lake Bogoria National Reserve
Comments:	No entrance fees charged.

Den Land Rover ließen wir am Eingang zurück. Wo wir hinwollten, gab es keine Straßen.

Während ich Chirchir auf einem Pfad in südwestlicher Richtung folgte, drehte ich mich mehrmals zum See hin. Die Sonne versteckte sich noch hinter den aufragenden Laikipiabergen. Aber kurze Zeit später berührten die ersten Sonnenstrahlen die Wasseroberfläche und verwandelten die zahllosen Flamingos am Seeufer in ein rosafarbenes Meer. Dampfende Geysire schossen aus vulkanischem Gestein und speisten den See mit schwefelhaltigem Wasser.

Wir durchstiegen ein Lavafeld. Schwarze Basaltsteine knirschten unter unseren Schuhen. Auf einer Anhöhe bückte sich Chirchir über einen abgeflachten, scheinbar unbewohnten Termitenhügel. Auch ich hockte mich dazu. Er stocherte mit einem kleinen Stock in den Erdlöchern, die wie kleine Krater die sandige Oberfläche bedeckten. Sandfliegen, so klein wie Staubteilchen, flogen aus den dunklen Erdlöchern ins Sonnenlicht.

»Sandfliegen brüten nicht nur in verlassenen Termitenhügeln, sondern auch in den Strohhütten der Tugen«, sagte Chirchir und deutete auf das weiter oberhalb liegende Dorf.

Aus dieser Richtung sah ich einen Jungen auf uns zukommen, barfüßig. Er trug zerfetzte Shorts. Als er sich neben mich hockte, strich er mit seiner Hand über meine blonden Haare am Unterarm. Seine Rippen schauten unter der schwarzen Haut hervor.

»Wie heißt du?«, fragte ich auf Kiswahili.

»Kiptoi.«

»Warum bist du nicht in der Schule?«

»Weil ich Ziegen und Schafe hüte. Mein Vater …« Chirchir unterbrach ihn. Er kannte die Umstände in seiner Familie und wollte sowieso bei ihnen vorbeischauen.

Ich nahm Kiptoi bei der Hand. Wie ein Lauffeuer breitete sich unser Besuch bei den anderen Kindern aus. In ihrer Vorstellung war ein »Mzungu« – weißer Mann – reich und spendabel. Zum Glück lenkte Chirchir bald ein. Außer ein paar Kulis hatte ich nichts dabei. Trotzdem hielt es sie nicht von der Bettelei ab.

Wir kamen zu einem mit dornigen Zweigen abgezäunten Areal, auf dem drei Strohhütten standen. Hier wohnte die Familie von Kiptoi. Vor der Hütte des Vaters blieben wir stehen. Die mit Lehm und geflochtenen Zweigen zusammengehaltene runde Hüttenwand war mit einem spitz zulaufenden Strohdach bedeckt, das an mehreren Stellen undicht war. Plastiktüten, Knochenreste und verdreckte Küchenutensilien lagen auf dem Boden. Hühner pickten zwischen dem Kot der Schafe und Ziegen nach Nahrung. Es roch nach verkohltem Holz.

Ein hagerer Mann mit faltigem Gesicht bückte sich durch den Hüttenausgang. Seine Augen blieben bei unserer Begrüßung fast vollständig geschlossen.

Chirchir erzählte mir später, dass der Vater den frühen Tod seiner ersten Frau nie überwunden hatte. Sie starb an Kala-Azar. Seitdem trank er mit den Nachbarn selbst gebrannten Maisschnaps, anstatt sich um seine sechs heranwachsenden Kinder zu kümmern. Später heiratete er noch einmal. Doch seine zweite Frau lief davon, als sie von ihm geschlagen wurde. Seine Kinder litten unter der Armut und Verwahrlosung. Es dauerte einige Zeit, bis wir aus der Kinderschar die Geschwister von Kiptoi aussortiert hatten. Sie waren unterernährt und hatten eitrige Geschwüre an den Beinen. Mit schmutzigen Fingern rieben sie an ihren rotunterlaufenen Augen, die ständig von Fliegen belagert waren.

Chirchir hatte vor einigen Wochen bei Keptongoi, dem älteren Bruder von Kiptoi, eine vergrößerte Milz getastet und wollte diesen Befund abklären und auch seine Geschwister und den Vater untersuchen. Chirchir ließ sich auf einem dreibeinigen Holzhocker vor der Hütte nieder.

Sogleich umlagerte ihn eine Traube von neugierigen Kindern und schaute in den geöffneten Anglerkoffer. Alle notwendigen Utensilien für die Feldforschung stapelten sich hier in afrikanischer Unordnung: Waage und

Zentimetermaß für Gewicht und Größe der Patienten, Fragebögen für die Erhebung demografischer und epidemiologischer Daten, Latexhandschuhe, Fieberthermometer, Watte, Alkoholtupfer, Lanzettstäbchen, Spritzen, Kanülen, Filterpapier für die Konservierung von Blutproben sowie Objektträger für Malariablutausstriche.

Darüber hinaus hatte Chirchir eine Palette von Medikamenten dabei, die man als »essential drugs« beschreiben konnte. Unter anderem gegen Kopfschmerzen, Juckreiz, Fieber sowie Vitamine und Eisenpräparate für schwangere Frauen.

Anfangs schauten die jüngeren Geschwister den Älteren zu, denen wir im Stehen Milz, Leber und Lymphknoten abtasteten und anschließend Blut aus der Fingerkuppe zapften. Aber schon bald schwante ihnen Ähnliches. Sie verkrochen sich in den Hütten, manche liefen sogar in den Busch. Auch Kiptoi lief davon. Mit viel Geschrei und der Hilfe der Nachbarkinder zerrten wir ihn zur Untersuchung. Weder Süßigkeiten noch aufmunternde Worte seiner ältesten Schwester konnte den acht Jahre alten Jungen beruhigen. Seine Milz war ebenfalls hart und schmerzhaft und reichte bis unter den Bauchnabel. Außerdem war seine Leber geschwollen, und er hatte Fieber. Nachdem Chirchir ihm Blut abgenommen hatte, sagte er zu mir: »Eine so große und harte Milz ist ungewöhnlich für Malaria. Ich glaube, er hat auch Kala-Azar, wie Keptongoi. Falls die Laborergebnisse positiv sind, sollte man die beiden nach Nairobi bringen, zur weiteren Abklärung. Ich rede mal mit dem Vater.«

Kurze Zeit später war Chirchir außer sich vor Wut. »Der Vater ist so betrunken, dass er keine Entscheidung treffen kann. Ich werde mich nächste Woche mit dem Ältestenrat treffen, um die Familiengeschichte von Keptongoi und Kiptoi auf den Tisch zu bringen. So geht das nicht weiter.«

Am frühen Nachmittag fuhren wir nach Loruk zurück.

»Es wäre eine schöne Idee, mit den Expeditionsteilnehmern die Familie von Keptongoi und Kiptoi zu besuchen. Anhand ihrer Beschwerden könnten wir Kala-Azar und Krankheiten mit ähnlicher Symptomatik, wie Malaria oder Bruzellose, besprechen. Das wird sicherlich hochinteressant. Könntest du den Besuch vorbereiten?«

»Das ist o.k. Wenn ich die Einwilligung des Vaters bekomme, sehe ich kein Problem. Er ist nur so unberechenbar, wenn er getrunken hat. Wenn die Ärzte kommen, sollte auch der Häuptling anwesend sein. Dann kann sich der Vater nicht so aufführen.«

»Gute Idee.«

Als ich Chirchir in Loruk abgesetzt hatte, fuhr ich zu meinem ehemaligen Haus am Baringosee. Ich hatte Heimweh nach diesem Ort.

Das Haus schien verlassen. Ich stieg auf die Veranda und lehnte mich an einen der Holzpfähle, die das riesige Strohdach trugen. Damals hatte ich eine Hängematte zwischen die Holzpfähle gespannt. Der aufgerissene Zementboden war mit toten Termiten und Glassplittern bedeckt.

Still und weit war die Landschaft um mich herum. Der Blick über den See und die am Horizont aufragenden Laikipiaberge erfüllten wie früher meine Sehnsucht nach Freiheit und Weite. Der Himmel leuchtete in einem tiefen Blau über dem See.

Ich machte kleine sich bewegende Schatten über der Wasseroberfläche aus. An die 20 Schwalben drehten ihre Kapriolen in der Luft. Oder waren es Mauersegler? Ja, jetzt konnte ich sie genauer erkennen, als sie auf mich zugeflogen kamen. Trotz ihrer größeren, schlankeren Silhouette hatte ich »meine Kameraden« ursprünglich für Schwalben gehalten. Sie sind mit diesen aber nicht verwandt, noch zählen sie überhaupt zu den Singvögeln, sondern zu einer eigenen, tropischen Ordnung mit ungefähr 90 Arten, den Seglern. Ihnen am nächsten verwandt sind die Kolibris.

Ich schaute den Mauerseglern hinterher. Sie flogen auf die Kokwa-Insel zu, die mitten im See lag. Diese Insel hat die Form eines plattgewalzten Elefanten, dessen langer Rüssel in Richtung Süden zeigt. Ich drehte mich herum und blickte durch die eingeschlagenen Fenster in mein ehemaliges Schlafzimmer. Das Holzgestell des Bettes war von Termiten zerfressen und die Matratze mit braunen Wasserflecken bedeckt. Das Strohdach war aufgewühlt und an vielen Stellen undicht. In der Küche hatte man die Holzregale aus der Wand gerissen und den Mosquitoschutz an den Fenstern zerschnitten. Unter vergilbtem Zeitungspapier fand ich eine ausgetrocknete Schlangenhaut, die sich auflöste, als ich sie in die Hände nehmen wollte.

Drei Jahre hatte ich in diesem Haus ohne fließendes Wasser gelebt. Morgens sprang ich in den See, um mich zu waschen. Anschließend trug ich eimervoll Seewasser ins Badezimmer und stellte es für die Toilettenspülung beiseite. Dafür hatte ich den Luxus eines Telefonanschlusses. Freunde riefen manchmal aus Europa an und erzählten mir von ihrem Alltag, dem kalten Wetter, den Verkehrsstaus und Soap Operas im Fernsehen, während ich auf der Veranda saß und über den weiten See blickte. Mir kam ihre Welt so unwirtlich vor; die meine viel menschlicher und natürlicher.

Wenn ich auf diese Jahre zurückblicke, wird mir bewusst, dass mein Forschungsprojekt weniger eine idealistische Aufgabe, als vielmehr Mittel zum Zweck war, um in die fremdartige, afrikanische Welt einzutauchen. Baringo war für mich ein Aufbruch, eine Art Rückkehr zur Natur, eine Befreiung meiner inneren Wildheit. Im Rift Valley unter den Sternen und an den Gestaden des Sees trat ich wieder in eine kraftspendende Kommunion mit dem »wilden Mann«. Die treibende Kraft galt vor allem einem Ziel: Mich in der Ferne zu erfahren und dadurch meiner selbst bewusster zu werden.

Es gibt Phasen im Leben, da tut es gut, sich für eine längere Zeit dem eigenen Kulturkreis zu entziehen. Man gewinnt Distanz zum organisierten und strukturierten Leben in Europa, in dem vieles von der Geburt bis zum Tod durchgeplant scheint. Wo bleiben denn die überraschenden Elemente, die abenteuerlichen Taten und unvorhersehbaren Augenblicke, die das Leben so lebenswert und fantastisch machen? In Baringo hatte ich angefangen, das Leben in Europa infrage zu stellen. Ich wurde kritischer.

Mehrere Stunden saß ich nun schon vor meinem halbverfallenen Haus, den Blick auf die Weite des Sees gerichtet und in Erinnerung an alte Zeiten. Mein Forschungsprojekt hatte Aufschlüsse über die Ursachen und Verbreitung von Kala-Azar in Baringo gegeben. Hat es der Bevölkerung genützt? Und wie sah die Zukunft aus? Am Ende meiner Forschungstätigkeit hatte man keinen Nachfolger gefunden, der meine Arbeit fortsetzten wollte. Die Pokot, Tugen und Njemps, so schien es mir, lebten genauso weiter, als ob mein Projekt nie existiert hätte.

Im Nordosten zogen Wolken auf. Sie hatten schon das nördliche Laikipia Escarpment erreicht und drängten in den Süden. Das bringt Wind und vielleicht auch Regen.

Die aufziehenden Gewitter am Baringosee hatten mich damals schlaflose Nächte gekostet. In der Regenzeit rollten die Unwetter heran, gewaltig und furchteinflößend. Blitze krachten nieder und erleuchteten die auftürmenden Wellen im See. Der Wind fegte über die Veranda, das Strohdach drohte abzuheben, es war, als ob jeden Augenblick das Haus zusammenfiel. Es goss und stürmte stundenlang. Erbarmungslos prasselte der Regen wie aus Kübeln auf die ausgebrannte Erde nieder, und es dauerte nicht lange, bis die ersten Tropfen durch das triefende Strohdach auf mein Bett fielen.

Was mich an Afrika faszinierte und nie langweilig werden ließ, war die Unvorhersehbarkeit. Es ereigneten sich täglich Dinge, auf die ich nicht vorbereitet war. Jeder langfristige Plan wurde durch erstaunliche Ereignisse über den Haufen geworfen.

Afrika ist wie ein Drama. Trauer und Verzweiflung wechseln mit Freude und Begeisterung. Jeder Augenblick kann in einer Komödie oder Tragödie enden. Aber man weiß nie, wann. Wie auf keinem anderen Kontinent lebte ich hier in einer erregenden Spannung zwischen Leben und Tod.

Ich schaute von meiner Veranda auf die im See schwimmenden Krokodile und Nilpferde. Ich erinnerte mich an die lebensgefährlichen Bootsfahrten auf dem See und die nächtlichen Eskapaden der Giftschlangen im Strohdach meines Hauses. Wie oft hatte ich während meiner Feldstudien Patienten untersucht, die einige Tage später an Malaria oder Kala-Azar gestorben waren, weil unsere Hilfe zu spät kam. Und ich möchte nicht an meine Freunde denken, die bei Autounfällen ums Leben gekommen sind. Die lauernden Gefahren in Afrika führten mir vor Augen, dass jeder Augenblick mein letzter sein konnte. Ich hatte immer schon einmal aufschreiben wollen, woran man in Afrika sterben kann. Wahrscheinlich würde ich diese Liste niemals komplettieren können, da sie unermesslich ist.

Am nächsten Tag empfing mich im Marigat Health Center die Oberschwester, die ich noch aus meiner damaligen Zeit kannte. Sie war eine korpulente, humorvolle Frau, die es trotz des staubigen und heißen Klimas immer schaffte, sauber und adrett auszusehen. Ihr rundes Gesicht schmückte sie mit einem weißen Häubchen, das sie in ihr schwarzes Haar gesteckt hatte.

Ich hatte Chirchir versprochen, ein krankes Pokot-Mädchen nach Nairobi mitzunehmen. Chronische Fieberschübe und Schmerzen im Oberbauch quälten sie schon seit Monaten.

Als wir die Tür zur Frauenstation öffneten, traf mich ein Anblick der Verwüstung. Verrostete Bettgestelle stapelten sich in den Ecken oder lagen zerstört auf dem Boden. Aus den Fensterrahmen waren die Gläser herausgefallen. Die an der Decke hängenden Moskitonetze waren durch den einfallenden Wind in Fetzen gerissen. Und das in der Ecke hängende Waschbecken diente als Abfalleimer für gebrauchte Spritzen, Nadeln und Infusionsflaschen. Weder Strom noch fließendes Wasser war vorhanden. Ich wusste nach jahrelanger medizinischer Tätigkeit in Kenia um die Missstände in den öffentlichen medizinischen Einrichtungen, aber trotzdem traf mich bei dem Anblick jedes Mal wieder der Schlag.

Auf einem notdürftig zurechtgemachten Bettgestell lag die einzige Patientin. Das Pokot-Mädchen schlief in den Armen ihres Vaters, der mir bekannt war. Lokomol hatte vor vielen Jahren Kala-Azar gehabt und war damals mit mir nach Nairobi gefahren, um sich dort untersuchen und behandeln zu lassen. Mit besorgtem Gesicht stand er auf und grüßte mich in einem gebrochenen Kiswahili. Als ich an ihr Bett trat, waren die Spuren einer fortgeschrittenen Krankheit zu erkennen. Die langen gekräuselten Haare waren spröde und graubräunlich gefärbt. Ihr hohlwangiges Gesicht hatte spitze Züge. Sie roch nach Krankheit und Siechtum. Fliegen setzten sich ohne Unterlass auf ihre ausgetrockneten Lippen.

Ich weckte sie sanft und fragte Lokomol auf Kiswahili, ob man die Decke zurückziehen könne, um sie eingehender zu untersuchen. Das Mädchen fixierte meine Augen wie ein wildes Tier. Kalt und berechnend schien sie darauf zu warten, mich zu durchdringen. Chemakal konnte nicht älter als 13 Jahre sein. Zu jung für den Tod. Aber er lag schon in ihren Augen und nagte an ihrem Körper.

Ihre Lenden waren mit einem kurzen Rock aus Ziegenleder bedeckt. Sie war Haut und Knochen. Ihre harte Milz war bis unter ihrem Bauchnabel zu tasten, und auch ihre Leber war vergrößert und schmerzhaft. Ich schaute zu Lokomol und dann zur Oberschwester, die im Türrahmen stehen geblieben war. Ich nickte ihnen mit besorgter Miene zu, und sie verstanden. Sie musste so schnell wie möglich nach Nairobi gebracht werden, sonst würde sie sterben.

Ich deckte das Mädchen wieder zu. Nichts hatte sich an ihrem regungslosen Gesichtsausdruck verändert. Als der Vater zu ihr sprach, schaute sie mit starrem Blick aus dem Fenster in die Ferne, ohne einen genauen Punkt zu fixieren. In einem Ausdruck, so schien es mir, als ob es doch unwichtig wäre, wie lange sie noch leben würde.

Trauer und Sorge steckten im Vater. Er hatte die Krankheit überlebt, doch seine Frau und seine Söhne, so berichtete er mir später, waren in den vergangenen Jahren an Kala-Azar gestorben. Er hatte nur noch seine Tochter, die er auf alle Fälle nach Nairobi begleiten wollte.

Am nächsten Morgen machte die Oberschwester aus verschiedenen Kissen und Decken ein provisorisches Bett für Chemakal auf der Rückbank des Land Rovers. Die Infusionsflasche hängten wir an der Vorrichtung des Schiebedachgriffes auf. Lokomol teilte sich den Vordersitz mit Koren, einem siebenjährigen Pokot-Jungen, den ich ebenfalls mit Verdacht auf Kala-Azar ins Kenya Medical Research Institute einweisen wollte.

Während der Fahrt schaute ich des Öfteren in den Rückspiegel. Manchmal erwachte Chemakal aus ihrem Schlaf. Es war kein Ausdruck von Lethargie in ihrem Gesicht, wie ihn so viele schwerkranke Menschen haben. Sie schien mir wie ein wildes Tier in einem Käfig zu sitzen, bereit zum Angriff und zur Flucht. Was tat ich da? Auf was hatte ich mich eingelassen?

Hinter Nakuru forderte der zunehmende Straßenverkehr meine Konzentration. Schwer beladene Lastwagen aus Rwanda, Burundi, Uganda und dem östlichen Kongo rollten über die alte Teerstraße nach Nairobi und weiter an den Indischen Ozean nach Mombasa. Busse sausten an uns vorbei und suchten in der Auseinandersetzung mit den vor ihnen fahrenden Autos die Geschwindigkeit. Zwischen dem Elementaita- und Naivashasee war die Asphaltstraße mit riesigen Schlaglöchern übersät. Einige überladene LKW lagen mit platten Reifen am Straßenrand. Sie waren in der einbrechenden Dunkelheit ohne Licht und Warndreieck nur schwer zu erkennen. Mit jedem weiteren Kilometer fuhren wir aus dem Rift-Valley heraus und gewannen langsam an Höhe, bis wir die ersten Vororte von Nairobi erreichten. Es war nass und kalt.

Ich weiß noch genau, wie Chemakal die ersten Eindrücke der kenianischen Metropole wahrgenommen hatte. Fassungslos starrte sie nach links und rechts, zeigte mit den Fingern auf riesige Reklameschilder, Ampeln und beleuchtete Wolkenkratzer. Nairobi war für sie eine neue Welt. Ich konnte mich mit der kenianischen Hauptstadt nie anfreunden. Nairobi fehlt der Charme und Charakter, wie sie zum Beispiel die alte Hafenstadt Mombasa hat. Wäre die Bahnstrecke von Mombasa nach Uganda am Ende des 19. Jahrhunderts nicht gebaut worden, dann hätte Nairobi nie zu dieser Größe gefunden. Als die Bautrupps der East African Railway Nairobi erreichten, beschlossen sie, hier einen großen Bahnhof zu errichten. Mitten in der Maasaisteppe am Athi-Fluss, dessen Wasser für die Kühlung der Lokomotiven genutzt wurde. Viele weiße Siedler fühlten sich von dem angenehmen Klima angezogen, und über die Jahrzehnte wuchs Nairobi zur bedeutendsten Metropole Kenias. Zu schnell. Nairobi wurde für die Kenianer aus den ländlichen Gebieten ein Magnet, der ihnen Fortschritt und materiellen Wohlstand versprach. Für wenige erfüllte sich dieser Traum. Die massive Landflucht hat die Stadt in einen Moloch verwandelt. Die stockende Fahrt durch die Slums und verdreckten Vororte hatte mir wieder einmal vor Augen geführt, dass Nairobi mit dem explosiven Bevölkerungswachstum nicht fertig wurde.

Schon aus der Entfernung sah ich die pagodenförmigen Bauten des Kenya Medical Research Institutes. Mit japanischer Finanzierung war im Zentrum von Nairobi ein modernes medizinisches Forschungszentrum gebaut worden. Neben zahlreichen Laboreinrichtungen gab es auch ein Krankenhaus, in dem Patienten für klinische Studien aufgenommen wurden. Im Vergleich zu den staatlichen Krankenhäusern waren hier die hygienischen Verhältnisse und die klinische Versorgung einzigartig. Ausländische Forschungsgelder ermöglichten eine kostenlose Diagnostik, Therapie und Verpflegung der Patienten.

Chemakal brachte man in ein helles Zimmer auf den zweiten Stock, in dem drei junge Frauen lagen. Sie waren abgemagert und schienen sehr krank zu sein. Später erfuhr ich, dass ihre Zimmergenossinnen AIDS hatten. Zurzeit lagen im Kenya Medical Research Institute die Schwerpunkte der Forschung auf Kala-Azar, AIDS und Malaria, sodass ausschließlich Patienten mit diesen Krankheiten auf Station lagen.

Während eine Krankenschwester den Blutdruck bei Chemakal maß, unterhielt ich mich mit meinem kenianischen Kollegen Benson Estambale auf dem Flur. Wir kannten uns von meinen damaligen Stationsdiensten im Kenya Medical Research Institute. Er war ein erfahrener Tropenmediziner und humorvoller Mensch und deshalb bei seinen Kollegen und Patienten beliebt. Benson trug in seinem runden Gesicht einen schwarzen Schnauzbart, den er beim Lachen nach oben schraubte.

»Nach ihrer äußeren Erscheinung und Familienanamnese zu urteilen glaube ich auch an Kala-Azar. Ich werde bei ihr eine Milzpunktion machen. Allerdings weiß ich nicht, ob mein Chef glücklich sein wird, dass ein Pokot-Mädchen aufgenommen worden ist. Sobald man »diese Nomaden« entlassen hat, sind sie für Nachuntersuchungen kaum mehr auffindbar. Ungünstige Bedingungen für Längsstudien. Ich werde mal mit dem Chef reden. Wir hatten ja auch damals eine Ausnahme gemacht, als ihr Vater bei uns lag«, sagte Benson mit wohlwollendem Blick über seinen Brillenrand und öffnete die Tür zum Krankenzimmer.

Er begrüßte Lokomol und wandte sich dann Chemakal zu. Sie weigerte sich, ihm die Hand zu geben. Ihre drei Zimmergenossinnen schauten mit ängstlichen Blicken auf die Krankenschwester, die auf einem kleinen Tischchen die Instrumente für die Milzpunktion hereinbrachte. Lokomol setzte sich an den Bettrand seiner Tochter. Während er ihre rechte Hand hielt, klärte Benson seine Patientin über die anstehende Untersuchung auf. Chemakal schien so weit weg zu sein. Regungslos starrte sie an die Decke. Ihr Gesicht wie so oft: ausdruckslos und kalt.

Die Krankenschwester reichte Benson Alkoholtupfer, Handschuhe und eine Spritze mit langer Nadel. Er tastete nach der vergrößerten Milz und markierte mit dem linken Zeigefinger die Einstichstelle. Er setzte die Nadel unterhalb des linken Rippenbogens an, und in einer schnellen Bewegung punktierte er die Milz. Chemakal krallte die Hand in die ihres Vaters, blieb aber sonst stumm. Das aspirierte Milzgewebe spritzte Benson auf einen Objektträger, der umgehend ins Labor gebracht wurde. Aus Neugierde folgte ich dem Parasitologen und sah nach Färbung des Untersuchungsmaterials die Erreger der Kala-Azar unter dem Mikroskop wie kleine schwarze Schrotkügelchen im Milzgewebe schimmern.

»Mit diesem Befund kann Chemakal hier bleiben, sagte Benson und schob das Mikroskop beiseite: »Wenn wir die intravenöse Therapie mit Pentostam einleiten, muss sie allerdings für sechs Wochen auf Station bleiben. Ich habe da meine Bedenken, ob unsere eigenwillige Patientin diese Geduld aufbringen wird. Ihren Vater können wir nicht die ganze Zeit hier behalten.« Ich verstand sein Problem.

Eine Woche später besuchte ich Chemakal. Sie sah nicht viel besser aus als beim letzten Mal. Ihr Gesicht hatte noch immer straffe Züge, und an Gewicht schien sie auch nicht zugenommen zu haben. Als ich sie begrüßen wollte, richtete sie ihren Blick auf Lokomol, der an ihrem Krankenbett saß. Ich schaute mich im Krankenzimmer um. Eine Zimmergenossin lag im Koma und wurde künstlich beatmet. Die beiden anderen Betten waren mit frischen Laken bezogen, das Bettzeug ungenutzt und weiß wie Schnee. Sie waren, wie ich später erfuhr, vor ein paar Tagen an AIDS gestorben. Kenia erlebte eine medizinische und soziale Katastrophe, und Chemakal wurde Zeuge, wie diese Krankheit vor allem jüngere Menschen dahinrafft. Wie konnte sie im Beisein von sterbenden Menschen an ihr Leben glauben?

In ihrer linken Armbeuge hatte man eine Infusion gelegt. Ihr Vater schaute unentwegt auf die Flüssigkeit, die Tropfen für Tropfen von der Infusionsflasche durch den Plastikschlauch in den Adern von Chemakal verschwand. Wahrscheinlich hätte sie ihn längst herausgezogen, wenn ihr Vater nicht ständig anwesend gewesen wäre. Sie wirkte unruhig und angespannt. Kleine Schweißperlen lagen um ihren Mund, den sie nur öffnete, wenn sie mit ihrem Vater sprach.

Sie schien auch in Nairobi mit ihrer eigenen Welt verbunden zu sein. Sie zweifelte nicht, wo sie hingehörte. Diese Verbundenheit gab ihr anscheinend die Kraft, auch die Last dieser Krankheit zu ertragen. Frei sein heißt sterben zu können, und in diesem Bewusstsein lebte sie in ihrer Zeit und in ihrem Raum.

Wie hilflos und ohnmächtig fühlte ich mich in diesem Moment! Die Hilflosigkeit entsprang aus einem Versuch, die Kluft zwischen ihr und mir zu überwinden. Und so sehr ich mich auch bemühte, es schien ein aussichtsloses Unterfangen.

Auf einmal, wie ein Wunder, schaute sie mich an. Wie ein Blitz durchzuckte mich ihr Blick. Die ungeheuerliche Spannung zwischen ihr und mir erfüllte den gesamten Raum. Verwirrt und unfähig, einen klaren Gedanken zu fassen, verließ ich das Krankenzimmer, ohne Abschied zu nehmen, raste die Treppe hinunter und flüchtete zum Ausgang. Ich vernahm kaum noch die Rufe der Krankenschwester, die mir die neusten Befunde von Chemakal mitteilen wollte.

Auf leeren Straßen brauste ich an diesem Sonntagvormittag aus der Stadt hinaus in die afrikanische Natur. Der wolkenlose Himmel erlaubte weite Blicke über die Ngongberge, die mit ihren vier Erhebungen so aussahen, als wäre dort der Handrücken eines Riesen begraben worden.

Ich parkte den Land Rover vor dem Haus von Alain.

»Was ist denn mit dir los?«, fragte er, als er mir die Tür öffnete. »Ich habe Chemakal im Krankenhaus besucht.«

»Ja und?«

»Mich hat das ziemlich mitgenommen. Nicht ihre Krankheit. Es war das Gefühl, als würde sie allein mit ihrer Anwesenheit meine Seele bloßstellen. Ich weiß nicht, wie ich das erklären soll. Sie stellt mich als Mensch infrage. Bei ihrem Anblick musste ich fluchtartig ihr Krankenzimmer verlassen.«

»Was du heute erlebt hast, verwundert mich nicht. Viele vor dir haben Ähnliches erfahren. Komm, wir gehen in meine Bibliothek.«

Alain nahm ein Buch aus dem Regal. Dann ließen wir uns in zwei Ledersessel fallen.

»Ich möchte dir etwas aus dem Buch »Das dunkle Auge Afrikas« von Laurens van der Post vorlesen, denn es passt zu deinem Erlebnis mit Chemakal.«

»Eine der größten Illusionen des Europäers in Afrika ist die Meinung, er habe zwar die Schwarzen beeinflusst, aber die Schwarzen ihrerseits hätten

auf ihn nicht den geringsten Einfluss ausgeübt. Im Gegenteil, trotz all seiner Illusionen gibt es ein heftiges Hin- und Herströmen nach beiden Richtungen. Alles, was geschehen ist, geschah, weil der Weiße bewusst verachtet, was Afrika zu geben hat. Afrika spendet seine dynamischen Gaben auf gefährliche, heimliche Weise, indem es sie gleichsam durch eine Hintertür in die Seele des Europäers hineinschmuggelt, – für den unbewusst Beschenkten als Nahrung der eigenen aufsässigen Natur tief im Innern. Die Anwesenheit des Naturhaften außen reizt das Naturhafte innen; das Primitive, Ursprüngliche, das die europäische Seele umgibt, weckt das Ursprüngliche in ihrer eigenen Tiefe auf. Der innere Konflikt verschärft sich, die Furcht vor der steigenden Flut des Dunkels wird mächtiger, und die zwei dämonischen Ängste, »schwarz« zu werden oder »weiß« zu werden – verschlimmern satanisch die Situation für beide Rassen. Ihre Ängste steigern sich gegenseitig, wuchern monströs empor; in gleicher Weise tragen sie in fanatischer, tödlicher Verhetzung zu ihrem gemeinsamen Verhängnis bei.«

Alain klappte das Buch zu.

Was mich an Chemakal fasziniert, ist ihre Furchtlosigkeit angesichts des Todes. Ich hatte mir in jenem Moment ebenfalls gewünscht, die Angst vor dem Tod abzulegen. Auch ich wollte für mich erfahren, dass es keine Grenze zwischen Leben und Tod gibt. Aber schon in dem Wunsch steckt die Angst, die Kontrolle über mein Leben zu verlieren. Dabei werden wir sowieso einmal alles verlieren.

Alles, was Chemakal besitzt, ihren Schmuck und ihre Utensilien für das tägliche Leben, kann sie in einer Hand tragen. Sie ist mit der Zeit, dem Raum und dem Leben verbunden und von einer Spiritualität erfüllt, die ihr die Kraft zu geben scheint, über den Tod hinaus ins Jenseits zu wandern. Sie ist reich, wo wir arm sind.

Das Sterben und den Tod nehmen wir in unserem Kulturkreis nicht mehr als Teil des Lebens wahr. Sie werden vom täglichen Leben ausgegrenzt und stehen isoliert im leeren Raum. Sie sind das Ende in unserer materiellen Gesellschaft, anstatt sie, wie es in den meisten afrikanischen Kulturen geschieht, in einen höheren spirituellen Zustand zu erheben.

Einige Wochen später trat ich meine Motorradfahrt an. Ich wollte dorthin fahren, wo die Maasai noch ihrem traditionellen Leben nachgehen. Aber auch tief unten im Rift-Valley kann sich dieser einstmals gefürchtete Nomadenstamm dem schnellen, modernen Leben nicht mehr entziehen. Ich stellte mir vor, wie Ostafrika vor über 200 Jahren gewesen sein musste, als die Maasai die benachbarten Stämme dominierten. Sie waren so gefürchtet, dass weder die arabischen Sklavenhändler noch die weißen Entdecker es wagten, ihr Gebiet zu durchqueren. Die Maasai kamen ursprünglich aus dem Norden und wanderten in den Süden des afrikanischen Kontinents. In ihren Adern fließt sowohl Blut der nilotischen als auch der hamitischen Stämme aus Nordafrika. Sie haben kaukasische Gesichtszüge, sind groß und schlank, und ihre Haut ist so geschmeidig und schön wie dunkelgegerbtes Leder. Um die Mitte des 19. Jahrhunderts beherrschten sie ein Gebiet, das sich von Nordkenia bis weit nach Tansania hinein ausdehnte.

Der Fahrtwind brachte Abkühlung, ja teilweise fröstelte ich auf dem Motorrad, das ich mir von Alain ausgeliehen hatte. Ich ließ die über 2000 Meter hohen Gipfel der Ngongberge rechts liegen. Hinter der kleinen Stadt Kiserian wurde es einsamer und trockener. An einem Aussichtspunkt hielt ich an, machte den Motor aus und setzte den Helm ab. Es war still um mich. So still, dass es mir unheimlich wurde. Ich befeuchtete mein Halstuch mit Wasser und fuhr damit über die Lippen. Kleine Eidechsen sonnten sich auf dem nackten Fels. Im Dunst der Hitze konnte ich nur noch verschwommen den weiteren Verlauf der Straße ausmachen. Kleine Tafelberge schimmerten in hellroten Farben auf dem Talboden. Als wären es glühende Holzscheite in einem Flammenmeer. Die Landschaft war so karg und leblos, dass ich mir dort unten kein Leben vorstellen konnte.

Nicht weit hinter dem Oltepesi Shopping Center zweigte eine Sandpiste nach links ab. Ein Holzschild deutete auf die Ausgrabungsstätte Olorgesailie hin. Es war für mich ein Ort der Zuflucht. Wenn die Hochhäuser in Nairobi den Blick auf weite Horizonte verdeckten und ich den Gestank der Auspuffgase nicht mehr ertragen konnte, fand ich in Olorgesailie meine Ruhe. Um 1940 entdeckten Louis und Mary Leakey neben fossilen Tierfunden eine große Anzahl von Steinwerkzeugen, die darauf hindeuten, dass Vorfahren des *Homo sapiens* dieses Gebiet bereits vor ungefähr 500.000 Jahren bewohnten.

Die Ausgrabungsstätte lag auf einer kleinen Anhöhe, von wo man auf eine ausgedörrte Ebene schauen konnte. Weiter östlich waren erloschene

Vulkankegel zu sehen. Imposante Erscheinungen in einer kargen, fast vegetationslosen Landschaft. Neben dem kleinen Museum standen zu beiden Seiten runde Holzhütten, die jeweils mit Bett, Tisch, Stuhl und Petroleumlampe ausgestattet waren. Vor meiner angemieteten Holzhütte boten mir zwei Maasaifrauen bunte Perlenketten an. Sie zwinkerten mir zu, und ich wusste nicht, ob es Verkaufstaktik war oder ob sie mir nicht auch andere Dienste anbieten wollten. Ich kaufte nichts.

Ich stellte den Rucksack auf den Tisch und rieb mit meinem Halstuch den Schweiß aus dem Gesicht. Die Hitze in der Hütte war unerträglich. Mit der Matratze unter dem Arm setzte ich mich nach draußen unter das sonnengeschützte Vordach. Fliegen sammelten sich auf dem Hutrand, den ich mir über das Gesicht gestülpt hatte.

Etwas knirschte im Sand. Gegenstände fielen dumpf auf den Boden. Ich streckte meinen Unterkiefer, ließ die Zunge über die rauen Lippen kreisen und schob langsam den Hut nach hinten. Ein junger Maasai störte meine Ruhe. Es war, wie ich später erfahren sollte, Kidongoi Sampern Ole Purkei.

Um ihn herum lagen Schädel und Knochen. So weiß wie Kreide. Ausgedörrte Hirnschalen von Pavianen, sonnengebleichte Oberschenkelknochen von Straußen, Beckenknochen von Impalas und Schneidezähne von verschiedenen Raubtieren, die ich auf die Schnelle nicht identifizieren konnte. Ich ließ meine rechte Hand über einen porösen Pavianschädel gleiten.

Kidongoi rammte seinen Speer in die trockene Erde und setzte sich auf meine Matratze. Ich schaute ihn verwundert an. Eine Halskette aus Tierknöchelchen baumelte vor seiner Brust. Seine schwarzen Haare waren mit ockerfarbener Erde durchsetzt. Lederarmreifen schmückten seine Hand- und Fußgelenke. Sein dunkelbrauner Körper war in ein tiefrotes Tuch gehüllt, das wie eine Toga seitlich über der rechten Schulter hing und bis zu den Knien reichte. Er war noch jung, nicht älter als 20 Jahre und seinem Aussehen nach ein Maasaikrieger, ein Ilmoran. Die Maasai sind einem straffen System unterworfen, in dem die Männer im Laufe ihres Lebens verschiedene Stadien durchlaufen. Mit der Beschneidungszeremonie treten sie ins Erwachsenenalter. Man erwartet von ihnen, als tapfere Jünglinge keine Schmerzen bei der blutigen Prozedur zu zeigen.

Kidongoi war einer von ihnen. Seitdem wanderte er mit den anderen Altersgenossen durch die afrikanische Savanne, ging auf Löwenjagd, hütete Rinder und verteidigte seine Sippe vor Eindringlingen und wilden Tieren. Es war ein Leben nach ihrer Wahl. Die meisten Ilmoran tauschen ihr freies Leben nur ungern ein, wenn sie heiraten, sesshaft werden und in das Stadium der »Junior Elders« übertreten.

»Mzungu – weißer Mann –, wenn du mehr von den Knochen sehen möchtest, folge mir«, sagte Kidongoi auf Kiswahili und zeigte mit seiner Hand in ein Tal, welches zwei Hügelketten trennte. Ich war überrascht und neugierig zugleich. Anstatt mir die Knochen zum Verkauf anzubieten, wollte er mir zeigen, wo er sie gefunden hatte.

Die Sonne hatte seit Längerem den Zenit überschritten. Ich packte meinen Rucksack und folgte ihm in südlicher Richtung. Am Horizont rissen zerklüftete Gipfel den Himmel auf und schnitten das tiefe Blau in Stücke. Vereinzelte Wolken schwebten träge über uns hinweg. Seichte Winde kräuselten durch niederes Gestrüpp und knorrige Schirmakazien. Die Landschaft war zeitlos und still. Nach einer Stunde stießen wir auf ein ausgetrocknetes Flussbett. Riesige, von Wind und Wasser geschliffene Felsen lagen auf sandigem Grund, in einem Tal von unermesslicher Kargheit.

Ein alter Maasai, den Kidongoi kannte, kreuzte unseren Weg, ohne stehen zu bleiben. Seinen mageren Körper hatte er in eine rotweißkarierte Decke gehüllt. In der linken Hand hielt er eine Orinka-Holzkeule, die mehr als Status denn als Waffe diente. Seine rechte Hand umfasste einen kleinen, dreibeinigen Holzhocker. Sein Rastplatz für unterwegs. Die langen, schlaffen Ohrläppchen hatte er auf beiden Seiten zusammengeknotet. Sein Kopf war mit einem schwarzen, ausgefransten Lederhut bedeckt. Nach Aussage von Kidongoi war er ein mächtiger Mann im Maasai-Clan. Er saß im Ältestenrat und war Entscheidungsträger. Er hatte mehrere Frauen, viele Kinder und unzählige Rinder. Ich drehte mich mehrmals in seine Richtung, um mir klar zu machen, wer an mir vorbeigewandert war. Er war eine kapriziöse Erscheinung in dieser Wildnis. Im Dunst der Weite verlor ich ihn bald aus den Augen.

Das Flussbett wurde schmaler. Hohe Felswände flankierten zu beiden Seiten eine sich windende, ausgetrocknete Schlucht. In der Regenzeit flossen gewaltige Wassermassen durch diese Enge und stürzten in ein braunes Steinbecken. Anstatt weiter dem Flussbett zu folgen, stiegen wir eine steile Felswand empor. Weiter oberhalb wurde es flacher. Niederes Gestrüpp umgab eine frische Feuerstelle, die am Vorabend noch benutzt worden war. Knochenreste und Blutspuren waren auf dem aschweißen Boden zu sehen.

»Was ist das?«

»Hier treffen sich die Ilmoran, trinken Milch und Blut, essen Wildfleisch und reden über Frauen und Sex. In unserer Kultur ist es verboten, Wild zu essen, geschweige denn im Beisein von Frauen. Deshalb kommen wir hierher. An diesem Ort sind wir frei.«

Ohne eine Miene zu verziehen, erzählte er von seinen älteren Brüdern Salaton und Taiyanna, die ebenfalls Ilmoran waren. Als sie eines Nachts Rinder hüteten, wurden sie von Löwen gerissen. Salaton starb noch im Busch und Taiyanna verblutete auf dem Weg ins Krankenhaus. Mit welcher Ruhe er diese Tragödie schilderte!

Später erzählte mir Alain, dass die Maasai kaum emotionale Regungen zeigen. Sie schätzen über alles, am Leben zu sein. Es ist in ihren Augen ein Geschenk und genügt für ihr allgemeines Wohlbefinden. Ein Maasai möchte nichts anderes als Rinder und Land, auf dem er mit seiner Familie in Frieden leben kann. Mit Enk-ai – Gott – über ihm und einem Speer in der Hand sind all seine Wünsche erfüllt. Die Maasai glauben, dass Enk-ai drei verschiedene Arten von Menschen geschaffen hat. Den einen zeigte er den Ackerbau, den anderen gab er Pfeil und Bogen zum Jagen und den Maasai gab er Rinder. Alle Rinder dieser Welt gehören ihnen, und in diesem Glauben stehlen sie Rinder von anderen Stämmen, ohne einen Funken des Unrechts zu verspüren.

Die Sonne war hinter den Bergkämmen verschwunden, als wir den höchsten Punkt der Felswand erreichten. Unter einer knorrigen Schirmakazie stellte ich den Rucksack ab und drehte mich herum. Der Blick erstreckte sich über das ausgetrocknete Flussbett auf die umliegenden Hügel. Weit im Norden sahen wir noch als kleine Punkte die Behausungen von Olorgesailie und dahinter das Dorf Oltepesi. Kidongoi schaute auf das unter uns liegende Wasserloch. In der Trockenzeit die einzige Wasserstelle weit und breit. Wir setzten uns auf einen Felsvorsprung und warteten auf die Dämmerung.

Ich dachte an das Leben von Kidongoi. Hier in der Natur durchstreifte er mit seinen Altersgenossen die afrikanische Savanne und war Tag und

Nacht tödlichen Gefahren ausgesetzt. Er vertraute seinem Instinkt und seinen Kameraden.

Wenn ich auf meine Jahre in Baringo zurückblicke, wird mir bewusst, dass ich unter anderem deshalb nach Afrika gegangen bin, um der Natur die Stirn zu bieten. Ich glaube, viele Menschen sehnen sich nach einer solchen Zeit, einer Zeit, die es für die meisten Menschen in Europa und Amerika nicht mehr gibt. Viele flüchten deshalb in Scheinwelten, wie zum Beispiel den Tarzanerzählungen.

Tarzan ist eine Fantasiefigur der amerikanischen Kleinbürger und Arbeiter gewesen, die in einem System gefangen waren, das sie nicht geschaffen hatten und nicht kontrollieren konnten. Tarzan verhalf diesen Menschen zur Flucht aus ihrer Realität. Viele von ihnen lebten ein so unbefriedigendes Leben, dass sie sich mit Geschichten und Filmen umgaben, in denen es ihnen möglich war, ihre Umgebung zu dominieren, anstatt dominiert zu werden.

Tarzan ist frei, stark und mächtig. Sie lasen es, um zumindest in der Fantasie an seinen Qualitäten teilhaben zu können. Er ist die Personifizierung des primitiven Menschen. Ebenso werden die Afrikaner und verlorenen Zivilisationen, die Tarzan in seinen Abenteuern antraf, als primitiv dargestellt. In den Erzählungen kommen die Hierarchien zum Ausdruck. Der weiße Mann steht über dem schwarzen Mann, der Westen über dem Rest der Welt. Tarzan ist ein Einzelgänger. Er braucht das Alleinsein, um seine Männlichkeit konservieren zu können. Er tut dies mittels einer Hierarchie, in der ihm alle anderen – Schwarze und Frauen – untergeordnet sind.

Tarzans Lebensraum liegt mitten in Afrika, im dunklen, gefährlichen Urwald. Nach meiner Vorstellung in den undurchdringlichen Regenwäldern des Kongos. Für mich ist und bleibt dieses Land der wilde und mystische, unergründliche Kern des Schwarzen Kontinents. Spiegeln sich nicht in der Eroberung des afrikanischen Urwalds, der schwarzen Hölle / Höhle, die männlichen sexuellen Fantasien wider, schwarze Räume zu durchdringen? Die afrikanische Tiefe muss durchwandert und erobert werden. Ihre Reichtümer genommen und geerntet werden. Wenn Entdecker und Abenteurer wie Stanley, Livingstone, Burton und Speke männlich sind, dann ist das, was sie erforschen, weiblich. Edgar Rice Burroughs, der amerikanische Autor der Tarzangeschichten, hat angeblich die Abenteuer seines Helden mithilfe eines 50 Cent Sears Dictionary und Stanleys Buch »In Darkest Africa« geschrieben.

Noch etwas macht Tarzan zu einem Mythos und Helden. Er lebt in der grünen Hölle und ist umgeben von wilden Tieren und kriegerischen, primitiven Zivilisationen. Aber er überlebt all seine gefährlichen Abenteuer und bekommt Jane, die Frau, die er wollte. Für ihn ist Afrika nicht das Grab des weißen Mannes. Afrika bleibt für ihn eine abenteuerliche Spielwiese, aus der er immer wieder als Sieger hervorgeht.

Eine Ewigkeit war vergangen, seit Kidongoi und ich das letzte Wort gewechselt hatten. Noch etwas benebelt von meinen gedanklichen Ausschweifungen, richtete ich mich auf.

Kidongoi hatte Spuren eines Raubtiers entdeckt. Ich folgte ihm auf einem schmalen Pfad, bis wir eine Höhle erreichten, deren Eingang nicht größer als ein Medizinball war. Auf dem Boden lagen Knochen und Schädelreste. Es war das Versteck eines Leoparden und auch die Quelle für Kidongois Knochenfunde. Ich war von dem Anblick fasziniert, doch gleichzeitig wusste ich nicht, ob wir Gefahr laufen würden, dem Leoparden zu begegnen. Ich hielt einen Atemzug lang inne, denn ungewohnte Geräusche hallten durch die Schlucht. In der gegenüberliegenden Felswand stolzierte ein kräftiges Pavianmännchen in mächtiger Pose. In seinem Gefolge ein Rudel von ungefähr 40 Pavianen, die auf dem Weg zum Wasserloch waren. Wir verfolgten die Szenerie aus gebührendem Abstand, mit Vorsicht. Denn so viele Paviane konnten gefährlich werden, vor allem in der Trockenzeit, wenn Nahrung knapp war. Die einbrechende Dämmerung machte mir Angst. Trotz der Gegenwart von Kidongoi fühlte ich mich nicht mehr sicher.

Am Tag wirkte die Landschaft verschlafen. Die bleierne Hitze forderte ihren Tribut bei Mensch und Tier. Mit dem Sonnenuntergang erwachte Afrika aus dem Schlaf. Kaum noch waren die Silhouetten der Schirmakazien zu erkennen, kaum mehr sichtbar die Konturen der umliegenden Berge, da brach die afrikanische Dunkelheit herein. Mit der Finsternis gewann das Summen der auflebenden Insekten an Macht und Raum, bis es in einem grandiosen Rausch die Nacht einleitete. Die Zeit der Hyänen und Geister war angebrochen.

Die Realität in den Ohren, in einem erwachenden Tollhaus zu sein, wanderten wir zügig zurück. Kidongoi orientierte sich an den Sternen und verschiedenen »landmarks« am Wegesrand. Nach ungefähr zwei Stunden erreichten wir Olorgesailie. In meiner angemieteten Hütte zündete ich den Docht der Petroleumlampe an und schaute nach den eingerollten Brotfladen auf dem Tisch. Sie waren warm und fettig. Tief unten im Rucksack griff ich nach zwei Thunfischkonserven, einer Zwiebel und zwei warmen Flaschen Bier. Mit dem Abendessen machten wir es uns auf der Matratze vor meiner Hütte bequem.

»Kennst du unseren heiligsten Berg?«

Ich schüttelte den Kopf.

»Es ist der Oldoinyo Lengai in den Crater Highlands. Ein riesiger, noch aktiver Vulkan in Nordtansania. Ungefähr drei Tagesmärsche von hier. Kommst du mit!«

Natürlich wäre ich mitgekommen. Aber Verpflichtungen drängten mich, am nächsten Tag nach Nairobi zurückzukehren. Ich hatte Benson versprochen, Chemakal nach ihrer Genesung nach Baringo zu fahren.

Irgendwann, sagte ich mir, würde ich aber nach Olorgesailie zurückkehren und für längere Zeit mit Kidongoi durch die afrikanische Savanne wandern. Diese Stimme war laut und klar.

Kidongoi legte seine Decke vor meine Hütte. Auch ich wollte unter den Sternen schlafen. Ich holte die Petroleumlampe und den Schlafsack und rollte ihn auf der Matratze aus. Alain hatte mir das Buch »Das dunkle Auge Afrikas« mit auf die Reise gegeben. Ich schlief schon bald über der Abendlektüre von Laurens van der Post ein. Aber eine Stelle nahm ich mit in meine Träume *»Wie ein Blitz durchzuckte mich die Erkenntnis, dass ich deshalb Afrika durchwandere, weil ich nur so fähig werde, in die tiefen Geheimnisse und noch unverstandenen Zusammenhänge meines eigenen Herzens und Geistes einzudringen … Der moderne Mensch, der sich der Zukunft verantwortlich weiß, muss einsehen lernen – wenn auch unter Schmerzen und fast gelähmt –, dass er den Sinn seines Ursprungs verloren hat; er merkt plötzlich, mitten in der Todesangst vor der gewaltigen, ständig wachsenden Abschnürung von den Schöpfungskräften, dass das Leben Afrika seinen erblindenden Augen wie einen magischen, durch ein Wunder geretteten Spiegel entgegenhält. In diesem großen Zeitenspiegel erscheinen die innersten Strahlungen seines uralten, ewigen Wesens. Er kann, wenn er nur will, darin sein verachtetes, zurückgestoßenes, sein ursprüngliches Selbst wiederfinden und, bevor es zu spät ist, das ganze Elend seiner eigensinnigen Verhärtung durchschauen.«*

Mali

»In Afrika gibt es keine Grenzen, nicht einmal zwischen Leben und Tod.«
Leopold Senghor

Ich war froh, den hektischen Verkehr und die Slums von Bamako hinter mir zu lassen. Zwei Wochen in der Hauptstadt von Mali reichten.

Musik aus billigen Lautsprechern wiegte mich in afrikanische Rhythmen, und so sank ich genüsslich in den Beifahrersitz und ließ mich von einem jungen Taxifahrer nach Koulikoro fahren. Binaté redete kaum. Eine lange Hakennase beherrschte sein narbiges Gesicht. Mehrmals hielt er an, rollte seinen Teppich auf dem Straßenboden aus und betete in Richtung Mekka. Als Binaté sich dabei nach vorne beugte, schwang eine Halskette aus kleinen Knöchelchen vor seiner behaarten Brust.

Die Sonne hing nur noch zwei Zoll über dem Horizont, als wir den Niger erreichten. Der rostige Dampfer »Timbouctou« lag im Hafen vor Anker. Einmal die Woche verkehrte dieses Schiff in der Regenzeit zwischen Koulikoro und Gao. In der Trockenzeit war der Niger aufgrund des niedrigen Wasserstands nicht schiffbar. Ich hatte eine Kabine in der 1. Klasse nach Timbuktu gebucht. Nach Angaben der malischen Schiffsgesellschaft sollte die Reise ungefähr sechs Tage dauern.

Reges Treiben herrschte am Kai. Schafe und Ziegen liefen durch die Menschenmassen. Säcke voll Reis, Hirse, Mehl und Kartoffeln wurden von pechschwarzen Handlangern hochgestemmt und auf das Schiff verladen.

Ich war in einem Karussell. Alles drehte und bewegte sich, als ob ich der einzige Fixpunkt in dem Wirrwarr wäre. Später verlagerte sich das Treiben auf unser Schiff. Laute Diskomusik plärrte am Oberdeck und hielt die Afrikaner bei Laune. Dicke Frauen tanzten sich im Beat die Treppen hoch, Kinder spielten Fußball mit Wassermelonen, knutschende Paare versanken hinter Kartoffelsäcken, Ziegen knabberten an meiner Kamera, Tuaregs tauschten Dolche aus, und ich wußte nicht mehr, ob ich einen Fellini-Film sah oder wirklich in Afrika war. Erst nachdem der Anker gelichtet wurde, kehrte Ruhe ein.

Wie eine glänzende Echse schlängelte sich der Niger durch die Savanne. Noch waren die Uferböschungen auf der anderen Flussseite zu sehen, doch

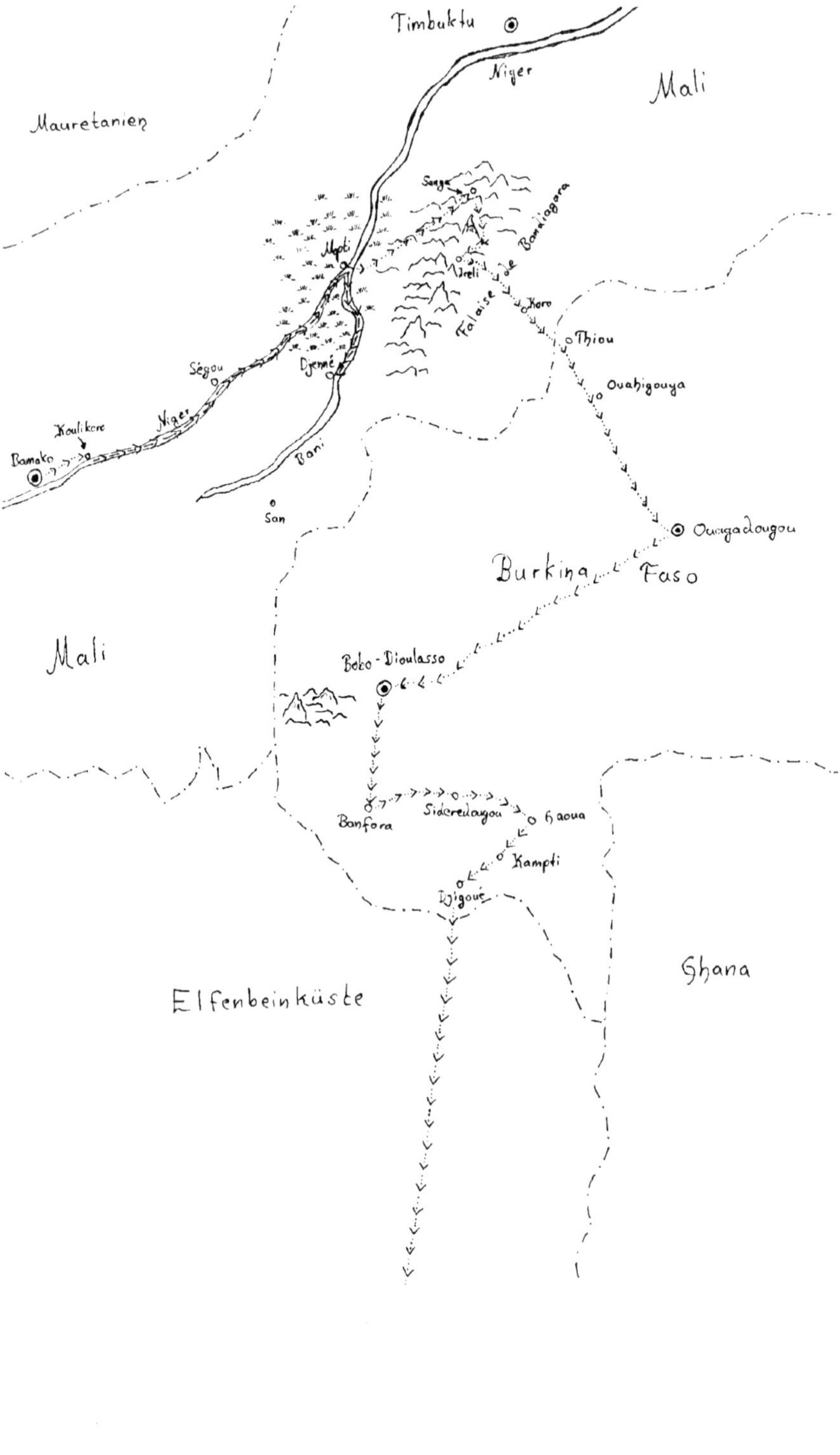
Timbuktu
Niger
Mali
Mauretanien
Sanga
Falaise de Bandiagara
Mopti
Ireli
Koro
Thiou
Ouahigouya
Ségou
Djenné
Niger
Koulikoro
Bamako
Bani
San
Ouagadougou
Burkina Faso
Mali
Bobo-Dioulasso
Banfora
Sideredougou
Gaoua
Kampti
Djigoué
Ghana
Elfenbeinküste

mit Einbruch der Dunkelheit lösten sich die Konturen auf. Die Wasserader Westafrikas lag zu meinen Füßen. Ich stand auf dem Oberdeck und schaute in die Nacht hinein. Es muss schon spät gewesen sein, denn die letzten Passagiere hatten sich in ihre Kabinen zurückgezogen. Ich war allein. Eine leichte Brise wehte durch die sternenklare Nacht.

Neugierde und Abenteuerlust hatten mich wieder nach Afrika verschlagen. Nicht nur. Ich plante für das kommende Jahr an einem Kölner Museum eine Ausstellung über »AIDS in der zeitgenössischen afrikanischen Kunst« zu machen. Aus diesem Grund wollte ich mit Künstlern in Afrika Kontakt aufnehmen, die sich mit der Thematik AIDS auseinander gesetzt hatten. Bereits in Bamako hatte ich mich mit Abdoulaye Konaté getroffen und vereinbart, eine seiner Installationen in der Ausstellung zu zeigen. Meine Reise sollte mich auch nach Burkina Faso, an die Elfenbeinküste, Ghana, Togo und Benin führen.

Ich trank das Bier aus und ging in meine Kabine, die unter dem Oberdeck lag. Die vom Tag aufgestaute Hitze stand noch im Innenraum. Ich machte das Fenster auf und schaute vom Bett in die pechschwarze Nacht, bevor ich in einen tiefen Schlaf fiel.

Hatte ich Stimmen gehört oder nur geträumt? Auf jeden Fall wurde ich wach, setzte mich auf und glitt mit den Händen über meinen schweißbedeckten Oberkörper. Ich schien Fieber zu haben. Meine Glieder schmerzten. Etwas kraftlos griff ich zur Wasserflasche und leerte sie. Ich konnte nicht mehr schlafen. Mir fiel ein, dass ich ein Buch von Joseph Conrad dabeihatte. Spiegelte nicht schon der Titel »Das Herz der Finsternis« den romantischen und animalischen Zauber Afrikas wider? Das Buch sollte mich noch einige Zeit begleiten und verfolgen. Conrad durchlebte in Gestalt von Kapitän Marlow seine eigenen Erfahrungen, durchtränkt mit einem Hauch von Fantasie, oder wie hatte es der Autor beschrieben: *»Heart of Darkness is experience pushed a little, and only very little, beyond the actual facts of the case for the perfectly legitimate.«*

Seine Schifffahrt auf dem Kongo war eine Reise in die Tiefe des Schwarzen Kontinents und in die Hölle der menschlichen Seele zugleich. Schon als Junge schaute sich Conrad die afrikanischen Landkarten genauer an. Die meisten Küstengebiete waren erforscht, kolonialisiert und auf den

Atlanten dokumentiert. Aber die Mitte, das Herz Afrikas, war noch ein schwarzer, unberührter Fleck. Mit 15 Jahren legte er seinen Finger auf »Das Herz der Finsternis«. Da wollte er hin. Ungefähr 18 Jahre später sollte sein Traum als Kapitän eines alten Dampfers in Erfüllung gehen. Doch als er 1890 die Reise auf dem Kongo antrat, war diese Gegend kein unberührter Fleck mehr. Henry Morton Stanley, amerikanischer Journalist und verrufener Afrikaforscher, hatte ein Jahr vorher den Kongo bereist und seine Entdeckungen für sich und das belgische Königshaus in Anspruch genommen.

Es war ihm einer zuvorgekommen und hatte zumindest teilweise den Verlauf des Kongos erforscht. Seine Gefühle auf dem riesigen Strom, den er in seinem Buch mit einer aufgerollten Schlange vergleicht, waren geprägt von großer Melancholie, denn er konnte seinen Kindheitstraum als Entdecker dieses Gebietes nicht mehr verwirklichen. Und diese Melancholie, dieser ganze Fatalismus, die Fäulnis des Urwalds und die abgrundtiefen, teuflischen Windungen der menschlichen Seele kamen in seinem Buch an die Oberfläche.

Als einer der Kellner mit einem Gongschlag die Passagiere zum Frühstück weckte, strahlte schon die Sonne durch das Kajütenfenster. Meine Augen waren verklebt. Der Nacken schmerzte. Ich öffnete die Tür zum Bad. Es war verdreckt und stank nach Urin. Mir war nicht mehr nach Duschen. Ich wechselte die Kleidung, legte meinen Leinenschlafsack zum Lüften über das Geländer und begab mich zum Frühstück. Ich fühlte mich schlapp. Mein Kabinennachbar Ali saß schon am Tisch und schlürfte seinen Café au lait. In der linken Hand hielt er ein mit Butter bestrichenes Baguette. Sein verwittertes Gesicht sah verwegen aus. Er trug ein dunkelblaues Gewand, das bis zu den Füßen reichte. Auf seinem Kopf thronte ein hellblauer Turban. Er war Tuareg und auf dem Weg nach Timbuktu.

»Bonjour, Monsieur Schaffer. Sie sehen nicht gut aus. Vertragen Sie die Hitze nicht?«

Ich erzählte ihm von der letzten Nacht und setzte mich dann mit einer Tasse Tee und Keksen nach draußen. Eine angenehme Brise machte den Aufenthalt an Deck erträglicher. Die »Timbouctou« glitt langsam stromabwärts, vorbei an gelbweißen Sanddünen und ockerfarbenen

Lehmdörfern, deren Zentren meist von einer hochragenden Moscheekuppel geschmückt waren. Alles schien in Zeitlupe an mir vorbeizugleiten. Selbst meine Gedanken an die gestrige Nacht.

Unruhe trat an Deck ein, als am Horizont die alte Handelsmetropole Segou auftauchte. Gerne hätte ich den kurzen Zwischenstopp genutzt, um mir diese Stadt anzuschauen. Stattdessen verschwand ich wieder in meine Kabine und sank in einen tiefen Schlaf. Allerdings nicht für lange.

Neue Passagiere waren in Segou hinzugestiegen. Vor allem Händler, die ihre Waren auf dem Markt in Mopti verkaufen wollten. Lärm und Getöse auf dem Oberdeck. Durch mein Fenster sah ich, wie Wassermelonen von einer Menschenkette nach oben gehievt wurden. Mein dünner Leinenschlafsack, der als Unterlage diente, war wieder durchgeschwitzt. Was war los? Schon wieder Fieber, oder war es die bleierne Hitze in der Kajüte? In meinem deliranten Stadium habe ich die weitere Beladung des Schiffes nicht mehr mitbekommen. Die Stimmen der Kaufleute und Passagiere verflüchtigten sich zu einem weichen Gemurmel, welches mich wieder in den Schlaf wiegte. Meine Gliedmaßen waren schwer wie ein Stein, der ins Wasser geworfen wurde.

Es war dunkel, als ich aufwachte. Mich fröstelte. Hatte mich die Stille auf dem Schiff geweckt? Auch die Schiffsmotoren liefen nicht mehr. Ich richtete mich auf, zog mich an und öffnete die Tür. Ich hatte Kopfschmerzen. An der Reling stand Ali und blickte in die Nacht. Ohne mich anzuschauen, sagte er: »Die ›Timbouctou‹ ist auf eine Sandbank gelaufen. Wir sitzen fest. Mitten im Flußbett. Mir war ohnehin nie klar, wie sich der Kapitän in der Dunkelheit zurechtfindet.«

Er zündete sich eine Zigarette an und drehte sich zu mir. »Keine Sorge, wir kommen da wieder raus. Irgendwann. Ich fahre diese Strecke öfter und bin schon einige Male stecken geblieben. Manchmal kommt ein Schlepper nach ein paar Stunden und zieht den Dampfer in tiefere Gewässer, manchmal aber erst nach Tagen.«

Ich dachte bei mir, dass die Welt doch seltsam war. Als hätten die Europäer die Uhr und die Afrikaner die Zeit erfunden. Was bedeuten schon Stunden oder Tage in Afrika?

Ali war Polizist in Timbuktu. Nicht selten wurde er in die Wüste geschickt, um Streitereien zwischen den Tuaregs zu schlichten. Als Beweis zeigte er mir eine Pistole in der Innenseite seines dunkelblauen Gewands. Ich wusste nicht, ob es gut war, ihn an meiner Seite zu haben.

Einige Zeit später lag ich wieder schwitzend im Bett. Ein Thermometer hatte ich nicht dabei. Zum Teufel mit den wiederholten Schweißausbrüchen. Hatte ich Malaria? Wie konnte das sein? Ich hatte doch regelmäßig Malaria-Tabletten eingenommen! Warum sollte ich gerade auf dem Niger krank werden? Mehrere Jahre hatte ich im kenianischen Busch ohne Malariaprophylaxe gelebt und mir nie etwas eingefangen. Sollte ich mich selbst behandeln? Ich wusste, dass mein Medikament in therapeutischer Dosis schwere psychische Nebenwirkungen auslösen konnte, die eigentlich einen stationären Aufenthalt erforderten.

Ich fühlte mich nicht nur entkräftet und schwach, sondern saß auch fest und war abhängig von Ereignissen, die ich nicht beeinflussen konnte. Die Unerreichbarkeit, die ich zu Beginn der Reise als Befreiung empfand, belastete mich auf einmal. Ich blieb an diesem Gedanken kleben. Er drehte sich unaufhörlich in meinem Kopf, immer schneller und schneller. In meiner Panik, hier verrecken zu können, griff ich nach den Tabletten, drückte sie aus der Plastikverpackung heraus, drei an der Zahl, und schluckte sie mit Wasser hinunter.

Es war mitten in der Nacht. Das Boot lag noch immer fest. Ich hatte weiterhin starke Kopfschmerzen und schwitzte. Durch das offene Kajütenfenster sah ich Ali mit einer Zigarette an der Reling stehen. Der Niger glitzerte wie eine riesige Schlange im Mondschein. Die »Timbouctou« lag nun quer zur Flussrichtung. Sie hatte sich anscheinend auf der Sandbank gedreht und neigte sich nach steuerbord. Ich musste aufpassen, nicht aus dem Bett zu fallen. Ich beschloss auf das Oberdeck zu gehen, um die Lage zu peilen. Aber auf halber Treppe drängte alles nach oben, und ich erbrach, bevor ich die Toilette erreichte. Es war mir in diesem Moment alles egal: die Reise, das Schiff, der Niger, Mali, Köln, die Freunde, die Familie, mein ganzes Leben. Es war ein Zustand vollkommener Gleichgültigkeit. Ich hätte mich auch in den Niger stürzen können.

Ali kam mir entgegen. Er reichte mir eine Wasserflasche und legte mir ein nasses Taschentuch in den Nacken. Auf zitternden Beinen ging ich wieder in meine Kabine. Nach der ersten Dosis hätte ich nun zwei weitere Tabletten nehmen müssen. Bei dem Gedanken wurde mir wieder übel. Ich nahm sie trotzdem. Ich konnte froh sein, Ali in diesen Stunden an meiner Seite zu haben. Es waren teuflische Stunden. Nach seinen Aussagen hatte ich in der Nacht mehrmals geschrien und wild um mich geschlagen.

Albträume rollten über mich hinweg. Ich wurde von Ungeheuern in dunkle Wälder gezerrt. Hohlwangige Weiber mit Hakennasen und grauen, langen Haaren traten auf mich ein. Riesenvögel versuchten mich in die Lüfte zu heben. Chimären rissen sich ihre Unterkiefer aus und schauten mir dabei ins Gesicht. Blut strömte in die Kajüte und erfasste meinen Körper. Ich drohte zu ertrinken. Der linke Arm löste sich von der Schulter. Erst in diesem Augenblick merkte ich, wie Ali an meinem Arm zerrte, um mich in die Gegenwart zurückzuholen.

Mein Körper war von den Anstrengungen der letzten Stunden ausgetrocknet. Meine Kehle verlangte nach Wasser. Ich richtete mich auf und schaute aus dem Fenster. Die »Timbouctou« hatte wieder Fahrt aufgenommen. Keiner wusste, warum. Wie ein Wunder hatte sie sich anscheinend in Fahrtrichtung gedreht und schaufelte sich nun ihren Weg durch die Wassermassen. Der Morgen brach durch. Die Landschaft hatte sich verändert. Es war trockener geworden. So weit das Auge reichte, Sand und Wüste. Nur die Uferböschungen gaben etwas Grün her.

Es musste sich unter den Passagieren herumgesprochen haben, dass ich krank war. Eine verschleierte Frau kam in meine Kabine. Sie war in Schwarz gekleidet. Sie wechselte einige Worte mit Ali und wandte sich dann an mich. »Morgen kommen wir in Mopti an, Inshaàallah«, flüsterte sie in mein Ohr. Es war die Stimme einer jungen Frau.

Mopti, die Handelsmetropole und nächster Anlaufhafen der »Timbouctou« erschien mir wie der Garten Eden. Eine größere Stadt mit einem Krankenhaus, in dem es frischbezogene Betten und gute Ärzte gab. So hoffte ich jedenfalls.

Die Frau reichte mir ein großes Stück Wassermelone. Ich biss in die wässrige Frische. Sie ließ ihren Schleier fallen und schaute mir tief in die Augen. Ihr Blick war verführerisch. Die schönen Lippen gaben den Hauch eines Lächelns frei. Oder hatte ich es mir nur gewünscht? Ihre dunkelbraunen Augen blieben weiterhin starr auf meine Pupillen gerichtet. Regungslos saß sie vor mir da. Ich wollte sprechen, fortlaufen. Aber sowie ich mich aufrichtete, sank ich wieder in mein Bett, ohnmächtig. Ich wollte das eine und tat das andere.

Es war wieder Nacht. So schwarz und unergründlich. Immer tiefer fiel ich hinab in die Unterwelten einer schier endlosen Finsternis.

Stimmen holten mich aus einem tiefen Schlaf. Ich hatte jegliches Zeit- und Raumgefühl verloren. Mit verschwommenen Augen blickte ich in eine andere Welt. Wo war ich? Woher kamen die Stimmen? Ich schaute mich um. Ich befand mich in einem lichtdurchfluteten Raum mit hohen Decken und vielen Fenstern. Von meinem Bett konnte ich auf den Niger schauen. Aber ich war nicht mehr auf dem Schiff. Nichts schwankte. Ich hatte wieder festen Boden unter den Füßen. Ich richtete mich auf und fühlte dabei einen leichten Widerstand in der linken Armbeuge. Man hatte mir eine Infusion gelegt. Aber nicht nur das. Mein Körper war in ein hellblaues Gewand gekleidet, auf dem in weißen Buchstaben geschrieben stand »Hopital General di Mopti«. Es war alles so seltsam. Wie bin ich in das Krankenhaus gekommen? Und wer hat mich ausgezogen? Neugierig schaute ich mich um. Der Tod blickte mich aus vielen Gesichtern an. Glasige Augen und ausgemergelte Körper auf Stahlrohrliegen. Röchelnder Husten und rasselnde Decken-Ventilatoren, die jodhaltige Luft aufwirbelten. Auf der rechten Seite, im Bett Nr. 8, schlief ein junger Mann. Ein blutbeflecktes Bettlaken spannte sich über seinen ausgemergelten Körper. Er hatte ein hohlwangiges Gesicht. Auf seiner Tafel am Kopfende war in Kreide geschrieben: Salif Amadou, né en 1982, Admission: 15 Mars. Unter seiner Stahlrohrliege lag eine verschleierte Frau auf einer Strohmatte. Es war seine Mutter, wie ich später erfahren sollte. Mein Nachbar auf der linken Seite hustete und spuckte in einen Plastiknapf, den er neben sich auf einem Tisch stehen hatte. Ich drehte mich herum und schaute auf meine Tafel: Kay Shaffer, né en 1960, Admission 26 Mars. Welches Datum hatten wir heute? Woher wussten sie mein Geburtsjahr? Hastig schaute ich mich um. Wo war mein Gepäck mit den Dokumenten? Wo war mein Geld?

Ein Reisender in einem fremden Land hat ohne Pass seine Identität verloren. Ohne Papiere war ich anonymes Treibgut und konnte jederzeit in die Fänge afrikanischer Gesetze und korrupter Behörden geraten.

Meine gegenüberliegenden Zimmergenossen starrten mich mit großen Augen an. In ihrer Lethargie mussten ihnen meine hastigen Bewegungen befremdlich vorkommen. Ich suchte nach Aufklärung. Verdammt noch mal, wo waren meine Sachen? Ich wollte schon den Zugang aus der Armbeuge rausreißen und einer Krankenschwester hinterherlaufen, als ich unter meinem Bett das Gepäck entdeckte. Alles war noch da. Reisepass, Geld, Flugticket und Tagebuch: das Wichtigste. Ich konnte vertrauen. Wer immer mich hierher gebracht, ausgezogen und in dieses Gewand gesteckt hatte, es mussten vertrauenswürdige Menschen gewesen sein.

Eine korpulente Krankenschwester kam mit einem Tablett an mein Bett. Sie trug ein weißes Bändchen in ihrem Haar. Sie lächelte und sagte: »Gleich kommt der Docteur. Machen Sie sich etwas zurecht und antworten Sie auf seine Fragen.« »Oui, Madame.« Als ob ich keine Fragen hätte. Zum Frühstück brachte sie mir Tee, Bananen und trockenes Brot. Aber ich hatte keinen Hunger. Der beißende Geruch von Alkohol, Jod und verbrauchtem Verbandsmaterial hatte mir jeglichen Appetit verdorben.

Ein groß gewachsener Mann leitete die Visite. In seinem Gefolge zogen zwei Assistenzärzte und mehrere Krankenschwestern von Bett zu Bett. Sie hielten sich lange bei meinem Nachbarn am Bett Nr. 8 auf. Ein Assistent las aus der dicken Krankenakte vor, während die anderen dem baldigen Ende eines zu kurzen Lebens gegenüberstanden. Er hatte AIDS im Endstadium. Das war nach späterer Aussage einer Krankenschwester die Vermutung der Ärzte. Den gleichen Verdacht hatte man auch bei meinem linken Nachbarn, der als Tuberkulosepatient vor ein paar Tagen eingeliefert worden war.

Aus eigener Erfahrung wusste ich, dass viele Afrikaner einen HIV-Test ablehnten. Was half ihnen das Ergebnis, wenn sie die Medikamente nicht bezahlen konnten? Und steckte nicht hinter jedem positiven HIV-Test die Sorge, andere infiziert zu haben? Allzu oft wurden auch AIDS-Patienten von Familienangehörigen verbannt. Solange es keine Unterstützungssysteme und bezahlbaren Therapien gab, fügte die Kenntnis, HIV-infiziert zu sein, den täglichen Problemen ein weiteres, noch dazu unlösbares hinzu.

Nach neusten Untersuchungen leben mehr als 70 % aller weltweit HIV-positiven Menschen in Afrika. In einigen Ländern südlich der Sahara sind bis zu 30 % der Gesamtbevölkerung infiziert. Die tödliche Seuche ist in Afrika längst kein reines Gesundheitsproblem mehr, sondern das größte Hindernis für die weitere wirtschaftliche Entwicklung und eine Bedrohung für die politische Stabilität des gesamten Kontinents.

Als ich mit europäischen und amerikanischen Ärzten verschiedene Krankenhäuser in Kenia und Uganda besuchte, waren auf manchen Stationen mehr als die Hälfte aller Betten mit AIDS-Patienten belegt. Es war erschütternd, vor allem junge Menschen zu sehen, die in ihrem besten Lebensalter mit dem Tod rangen.

An diesem Tag hatte ich die Fronten gewechselt. Nicht als Arzt, sondern als Patient machte ich meine Erfahrungen in einem afrikanischen Krankenhaus. Etwas nervös wartete ich auf die Visite. Ich strich mir mit den Händen durch das Gesicht und richtete mich im Bett auf. Wer weiß, wie ich aussah? Ich kam mir als einziger Weißer unter den Afrikanern ziemlich verlassen vor. Bevor die Ärzte an mein Bett traten, flüsterte die korpulente Krankenschwester dem Chef etwas ins Ohr. Dann wandte er sich an mich.

»Bonjour Monsieur Shaffer, sprechen Sie Französisch?« Ich nickte.

Er setzte sich an meinen Bettrand, reichte mir die Hand und sagte: »Ich heiße Dr. Banou und leite die Abteilung für Innere Medizin.«

Er schwang das Stethoskop um seinen Nacken und ließ sich meine Krankenakte geben.

»So wie das hier geschrieben steht, sind Sie gestern in einem verwirrten Zustand aufgenommen worden. Ein Monsieur Ali aus Timbuktu hat Sie hierher gebracht. Eine Frau, deren Name hier unerwähnt bleibt, soll auch dabei gewesen sein. Kannten Sie diese Personen?«

»Nein, nicht so richtig. Monsieur Ali habe ich auf dem Schiff von Koulikoro nach Mopti kennen gelernt. Die Frau ist mir nicht bekannt.«

»Wissen Sie, warum Sie eingewiesen worden sind?«

»Nur vage. Ich fühlte mich kraftlos und hatte Fieber, glaube ich.«

Dr. Banou schaute wieder in die Krankenakte und sagte: »Als Sie von meinem Kollegen gestern Nacht untersucht wurden, schrieb er Folgendes nieder: Er hat Sie in einem dehydrierten und deliranten Zustand vorgefunden. Sie waren dabei, Ihr Bewusstsein zu verlieren, und hatten jedes Zeit- und Raumgefühl verloren. Sie hatten einen Puls von 60/Min und einen Blutdruck von 100/60. Ihr Begleiter Monsieur Ali sprach von Fieber und Malaria, aber dann war er auch schon wieder weg. Er wollte das Schiff nach Timbuktu nicht verpassen. Man hat sie dann auf die Station gebracht und stabilisiert: das heißt, Ihnen einen Zugang gelegt, Infusionen und eine Beruhigungsspritze gegeben. Man hat noch in der Nacht Ihr Blut auf Malaria untersucht. Wir konnten aber nichts entdecken.«

Er schaute mich an.

»Und wie geht es Ihnen heute?«

»Nicht schlecht, nur ein bisschen benommen. Wahrscheinlich von den Malaria-Tabletten, die ich vorsichtshalber eingenommen habe.«

»Bei der Aufnahme hatten Sie jedenfalls kein Fieber. Wir werden nach der Visite noch mal Blut abnehmen und einen Malariaausstrich machen. Aber nach ihrer Stand-by-Behandlung ist es eher unwahrscheinlich, noch Parasiten zu finden, wenn Sie überhaupt welche hatten. Ich möchte Sie noch ein bis zwei Tage hier behalten und beobachten. Ruhen Sie sich aus und trinken Sie viel. Den Zugang wird man Ihnen nachher herausnehmen. Morgen schaue ich noch mal vorbei.«

Er reichte mir die Hand und verabschiedete sich.

Im Laufe des Vormittags kamen weitere Patienten auf die Station. Da alle Betten belegt waren, brachte man einige Patienten zu zweit in einem Bett unter. Besucher strömten ohne Unterlass in den Krankensaal. Zumeist waren es Frauen, die ihren Männern beistanden. Viele von ihnen schliefen auf dem nackten Boden. Manche kamen mit beigefarbenen Decken aus Schafwolle und Ziegenhaar. Weiche schöne Farben. Als die Stimme des Muezzin aus der nahe gelegenen Moschee den Krankensaal erfüllte, rafften sich einige der Patienten auf und beteten auf den ausgerollten Decken in Richtung Mekka.

Die Mutter meines Nachbarn im Bett Nr. 8 legte ein kleines Transistorradio in seine Hände. Man hörte eine karge Musik. Von Gitarren, Kongatrommeln und Kalebassen ins Fließen gebracht. Darüber eine bohrende, insistierende Stimme. Fremdartige Melodien, auf- und abschwingend, das klangliche Ebenbild der Dünenkämme in der Wüste. Und doch seltsam vertraut. Es war die Stimme des Sängers und Gitarristen Ali Farka Touré. Touré aus dem Norden Malis war der Musiker, der vor einigen Jahren die legendäre CD »Talking Timbuktu« mit dem amerikanischen Jazz-Gitarristen Ry Cooder aufgenommen hatte. Tourés neue Musik aus dem Radio kannte ich nicht. Anscheinend hatte der über 60-jährige Virtuose, Prinz vom Stamm der Songhai und Vater von über zehn Kindern, nach langer Zeit der musikalischen Enthaltsamkeit wieder in die Saiten gegriffen.

Der Sohn lag in den Armen der Mutter und lauschte den hymnischen Gesängen, in denen Allah gepriesen wurde, und den Liedern aus dem Djimbala-Kult der Djinns und Wassergeister. Der Krankensaal war durch die Musik auf einmal wie verzaubert. Krankheit und Siechtum waren vergessen. Wer Musik aus Mali hört – seien es die Lieder der stimmgewaltigen Oumou Sangaré oder die spärlich instrumentierten Griotismen von Boubacar Traoré –, der steht vor einem Rätsel, das man nur teilweise entschlüsseln kann. Und man fühlt sich wie Joseph Conrad, der in seinem Buch »Das Herz der Finsternis« schrieb: »*Wir konnten nichts verstehen, denn unser Abstand war zu groß, und wir hatten keine Erinnerung, denn wir reisten durch die Nacht der ersten Zeitalter.*«

Die letzten Stimmen waren nach Einbruch der Dunkelheit im Krankensaal verstummt. Über meinem Bett war ein Moskitonetz gespannt. Es hing an einem Haken, den man in die Holzdecke hineingeschraubt hatte. Ich richtete mich auf und schaute durch die geöffneten Fenster auf den breiten Fluss. Eine leichte Brise rauschte durch die Jacarandabäume. Träge lag der Niger in seinem Bett. Eine Dhow mit gespannten Segeln glitt durch die Nacht. Im Schein des Vollmonds konnte ich ihren Weg verfolgen, bis sich ihre Konturen in der Unendlichkeit des Stroms auflösten. Wie weiße Schleier wiegten sich die Moskitonetze meiner »Kameraden« in der abendlichen Brise. Sie bewegten sich im Rhythmus der afrikanischen Nacht. Langsam und bestimmend. Ich ließ meinen Kopf auf das Kissen fallen. Eine Müdigkeit überkam mich, und so sank ich in einen tiefen Traum.

Weiße Engel mit ausladenden Flügeln ergriffen meine Arme und trugen mich auf Wolken. Ich schwebte über Berge und Täler, Wüsten und Ozeane. Säuselnde Winde berauschten meine Sinne. Sie kühlten meine nackte Haut. Doch je höher ich stieg, desto rauer und bedrohlicher wurden die Winde. Hilflos steuerte ich einem gewaltigen Sturm entgegen. Ich schützte mein Gesicht mit vorgehaltenen Händen vor dem anstehenden Untergang. Auf einmal erfasste mich ein gewaltiger Wirbel und riss mich in die Tiefe. Kopfüber durchbrach ich die Wolkendecke. Ich schrie meine ganze Todesangst aus dem Körper. Aber wie still war es auf einmal um mich herum geworden. Ich nahm meine Hände aus dem Gesicht und schaute voller Erstaunen auf das Unfassbare. Ich befand mich im Zentrum eines tosenden Orkans.

Außen tobte die Natur, und im Auge des Sturms herrschte eine himmlische Ruhe. Ich als stiller Beobachter einer sich drehenden Welt. Mit aller Kraft versuchte ich den freien Fall zu bremsen. Aber unablässig drängte mich die Erdanziehung zu den irdischen Gefilden, und ich stürzte in einen riesigen Ozean. Wie Blei sank mein Körper in ungeahnte Tiefen. Längst hatte ich die glitzernde Wasseroberfläche aus den Augen verloren. Dunkelheit und Kälte umhüllte mein Wesen. Auf einmal griff eine Hand nach meinem rechten Fuß. In einer zärtlichen Berührung glitt sie über den Knöchel. Ich spürte tastende Fingerkuppen. Sie schienen an Orientierung zu gewinnen. Kreisend wanderten sie über das Knie und reckten sich nach meinem Oberschenkel. Eine zarte Stimme klang aus der Tiefe. Sie berauschte meine Sinne – machte mich ohnmächtig und hilflos. Ich war dabei, mich zu verlieren. Mit ausgestreckten Armen versuchte ich mich zu retten, denn ich fürchtete, in den tiefsten Abgründen zu versinken. Ich war umgeben von Schlamm und kriechendem Getier – und dabei sehnte ich mich doch nach Licht und Wärme. Ich rang nach Luft. Hastig und schwer bebte mein Brustkorb.

Eine ausgestreckte Hand lag auf meiner schwitzenden Brust und spielte mit kleinen Steinen. Ich zuckte zusammen. Wie eine Lanze hatte die in weiße Tücher gehüllte Hand den schwebenden Schleier durchdrungen. Ich wollte schreien. Doch eine mir bekannte Stimme, sanft und leise, befriedete den wild gewordenen Mann. »Deine Zeit wird kommen.« Ich schaute der jungen Stimme nach. Hinter dem Moskitonetz erkannte ich die Konturen eines Gesichtes. Es war wild und schön. Die funkelnden Augen gaben ihr Geheimnis preis. Es war die junge, verschleierte Frau auf dem Schiff, die mir in der fieberhaften Nacht ein Stück von der Wassermelone gereicht hatte.

Meine »Kameraden« schienen ihre eigenen Fantasien zu träumen. Sie waren weit weg von meiner engelhaften Begegnung. Statisten in einer fantastischen Nacht. Der Vollmond verschwand hinter dem Ufer. Finsternis machte sich breit. Eine leichte Brise strömte durch die Fenster und hob die Moskitonetze in die Lüfte. Auch sie verschwand in einem Anflug von Leichtigkeit aus meinen Sinnen.

Als ich am nächsten Morgen aufwachte, hatten die Krankenschwestern bereits die Moskitonetze verknotet und nach oben gehängt. Man hatte mich schlafen lassen. Ich schob mein Kissen etwas höher und richtete mich auf. Dabei fielen mir kleine Steinchen, so hell und leuchtend wie Porzellan, von der Brust in den Schoß.

Nein, es waren keine Steine, sondern eine Handvoll Kaurischnecken. Ich ließ sie durch meine Hände gleiten.

Klick … klack … klick … klack … klick.

Sie waren nicht größer als dicke Bohnen. Glatt fühlten sie sich an, und einige hatten auf der Oberseite braune Pünktchen, wie Sommersprossen. Ihre vorgewölbten Schlitze auf der Unterseite erinnerten mich an die weibliche »Fruchtbarkeit«.

»Haben Sie die Kaurischnecken aus Djenné?«, fragte mich eine Krankenschwester, die stehen geblieben war und meinem Kaurispiel zuschaute.

»Nein, nicht von dort«, sagte ich etwas verunsichert. Einen Augenblick blieb ich stumm. Doch dann wurde ich neugierig. »Wie kommen Sie auf Djenné?«

»Kennen Sie nicht den Markt in Djenné? Er findet jeden Montag statt. Dort können Sie Kaurischnecken kaufen. Früher hat man sie als Zahlungsmittel benutzt. Reichtum fließt durch Ihre Hände.«

»Djenné, Djenné«, sagte ich leise zu mir. Ich griff unter mein Bett und holte aus dem Rucksack die Landkarte von Mali hervor. Mit dem rechten Zeigefinger glitt ich über die blaue Linie des Niger und fand bald darauf Mopti und weiter südwestlich Djenné.

Kurzerhand plante ich meine Reiseroute neu. Die sagenumwobene Stadt Timbuktu musste warten. Mich trieb es nach Djenné. Ich schaute auf meinen Kalender. Heute war Samstag. Spätestens morgen musste ich aufbrechen, um den Markt nicht zu verpassen. Ich knotete die Kauris in mein Halstuch und steckte es in den Rucksack. Das Reisefieber hatte mich wieder gepackt. Hungrig aß ich die Bananen und Chapatis, die man mir zum Frühstück gebracht hatte.

Am Nachmittag kam Dr. Banou und teilte mir die Laborwerte mit. Sie hatten keine Malariaparasiten gefunden, und der Vidal-Test für Typhus war auch negativ. Sofern ich eine problemlose Nacht hatte, konnte ich am nächsten Tag meine Sachen packen.

Nach Einbruch der Dunkelheit lag ich lange wach im Bett und wälzte mich von einer Seite auf die andere. Ich dachte an meinen Traum und die Kauris. Würde sie wiederkommen? Ich war nervös und schaute mich immer wieder um. Hinter dem schwebenden Moskitonetz war nichts zu sehen. Totenstille. Dunkelheit. Meine Nachbarn schliefen fest.

Auf einmal hörte ich eine Frauenstimme. Mein Herz pochte. Ich atmete kaum. Die Mutter meines Nachbarn im Bett Nr. 8 wimmerte. Mit beiden Händen hielt sie den Kopf ihres Sohnes in die Höhe. Es war anfangs nur ein Schluchzen. Doch bald ergriff ihr Weinen den Krankensaal und weckte die anderen Patienten. Die Nachtschwester kam hereingelaufen und versuchte, die Mutter zu trösten. Ihr Sohn war gestorben. Es war unfassbar – und doch vorhersehbar. Ein Schaudern ging durch meinen Körper.

Ich wusste, dass viele der hier liegenden Patienten ein ähnliches Schicksal erleiden würden. Die tödliche Seuche nagte an ihrem Leben. Wie das Virus das Immunsystem meines Bettnachbarn zerstört hatte, zersetzte es allmählich auch Familien, Dörfer und Städte. Vom Minister bis hin zum Lehrer und Bauern – alle Schichten der Bevölkerung waren betroffen.

Nachdem der herbeigeholte Arzt den Tod festgestellt hatte, legte man ein weißes Tuch über den Leichnam. Seine weinende Mutter wurde von der Nachtschwester hinausbegleitet. Es herrschte Stille am Bett Nr. 8. Die Patienten im Krankensaal hatten sich wieder hingelegt, so als wäre nichts geschehen. Wie konnte ich schlafen, während neben mir der Tod aufgebahrt war. Es war unglaublich.

Noch in der Dunkelheit machte ich mich auf die Socken. Ich verließ das Krankenhaus in aller Stille und schulterte den Rucksack, den ich vorher gepackt hatte. Die Nacht war sternenklar. Ich sah schlafende Gestalten, eingehüllt in Tüchern und Decken, am Straßenrand liegen. An einigen Kreuzungen wurden die ersten Feuer entfacht, an denen sich Wachmänner mit langen Holzstöcken aufwärmten und Tee tranken. Ich fragte nach dem Busbahnhof.

»Monsieur, um die Zeit fahren noch keine Busse. Versuchen Sie's bei den Taxis. Vorne links, sehen Sie, da steht eins«, war die Antwort eines alten Mannes, der mich mit neugierigen Augen anstarrte. Was machte ein Weißer auch vor Sonnenaufgang auf den Straßen von Mopti?

Ich öffnete die Tür eines klapprigen Peugeot und fragte in den dunklen Innenraum hinein: »Djenné?« Hühner gackerten, dann eine Frauenstimme: »Oui, Djenné. Setzen Sie sich nach hinten.« Ich nahm zwischen gestapelten Hühnerkäfigen Platz. Es stank. Eine dicke Frau saß auf dem Beifahrersitz.

Kurze Zeit später setzte sich ein Mann ans Steuer. Ohne mich anzuschauen, legte er einen kleinen Teppich neben die Handbremse und fuhr in die Morgendämmerung hinein. Die beißende Luft im Innenraum war unerträglich. Ich kurbelte das Seitenfenster herunter und atmete tief durch. Die fette Afrikanerin drehte sich missmutig nach hinten und gab mir mit Handzeichen zu verstehen, ich solle das Fenster wieder hochkurbeln. Was ich nicht tat. Der Taxifahrer versuchte, den sich anbahnenden Streit zu schlichten. Als er seinen Kopf zu mir drehte, erkannte ich ihn an seiner langen Hakennase und Halskette wieder.

»Binaté, das ist ja eine Überraschung. Ich habe dich in der Dunkelheit gar nicht erkannt.«

»Monsieur Kay, das ist ja unglaublich. Du schon wieder?«

Er ging vom Gas und reichte mir seine rechte Hand. »Ich dachte, du wolltest nach Timbuk …?«

Die fette Afrikanerin war ihm ins Wort gefallen. Sie gackerte wie ihr Federvieh auf uns ein. Ich verstand kaum ein Wort und lehnte mich deshalb zurück. Binaté gab mir zu verstehen, dass wir uns später unterhalten würden. Schon bald dröhnten afrikanische Rhythmen aus den hinteren Lautsprechern und übertönten die Hühner und die korpulente Mitfahrerin. Die Reise wurde erträglicher. Die ersten Sonnenstrahlen hatten den Niger in sanftrote Farben getaucht. Dhows glitten über das Wasser. Fischer warfen ihre Netze aus. Langsam brach der Tag durch, und ich genosss im Zug des Fahrtwindes die karge Savannenlandschaft. Auf der einspurigen Asphaltstraße war kaum Verkehr.

Mehrmals schaute ich mir im Rückspiegel das Profil von Binaté an. Er konnte nicht älter als 30 Jahre alt sein. Mit der dunkelbraunen Sonnenbrille und der Gauloises im rechten Mundwinkel sah er aus wie ein Ganove. Wieso war ich in sein Taxi gestiegen? Was hatte er in Djenné zu tun?

Stunden später standen wir auf der Autofähre und überquerten den Bani-Fluss. Die schwüle Luft war unerträglich. Ich setzte meinen Panamahut auf und zündete mir eine Zigarette an.

»Unglaublich, dich wiederzusehen! Was treibt dich denn nach Djenné?«, fragte ich Binaté, der neben mir an der Reling stand. Er schaute mich von der Seite an. Seine Hakennase schien noch größer geworden zu sein.

»Ich habe Verwandte in Djenné. Familienbesuch. Und du? Ich dachte, du wolltest nach Timbuktu?«

Ich erzählte ihm von der Schiffsreise, dem Krankenhausaufenthalt und den Kauris und merkte auf einmal, dass mich die Ereignisse der letzten Tage in einen Zustand versetzt hatten, in dem ich die Kontrolle über mich zu verlieren glaubte. »Kay«, sagte ich zu mir, »lass nicht in dieser exotischen Welt deine Fantasien spielen. Freue dich auf Djenné und die kommenden Wochen in Afrika. Keiner will etwas von dir.« Das war wie ein Stoßgebet.

Eine Ziege wurde vor unseren Augen geschlachtet. Ein Araber legte sein Bein auf das liegende Tier, zückte seinen Dolch und schnitt ihr die Kehle durch. Sie zuckte noch ein paar Minuten, bevor sie gehäutet wurde. Warum musste er das auf der Fähre machen?

Gegen Mittag erreichten wir die Außenbezirke von Djenné. Die Straßen waren wie ausgestorben. An den Hauswänden und in den Toren kauerten Bettler. Kinder spielten im Schatten der Jacarandabäume. Maulesel standen unter dornigem Gestrüpp, bemüht, mit schwingenden Ohren die Fliegen abzuwehren. Aufgewirbelter Sand fegte über den menschenleeren Marktplatz hinweg.

Hier wollte ich aussteigen. Ich schulterte den Rucksack, zahlte meinen Preis und verabschiedete mich von Binaté. Dabei drückte er meine Hand so fest, dass ich aufschrie. »Allah ist mächtig«, hallte seine Stimme aus dem Peugeot und wies mit der linken Hand auf einen imposanten Lehmbau in sudanesischem Baustil. Die berühmte Moschee von Djenné zeigte sich in ockergelben Farben. Sie war das Prunkstück einer vergangenen Epoche. Mit langsamen Schritten näherte ich mich dem islamischen Gotteshaus, das aus der Ferne wie eine Festung aussah. Die riesigen Eingangstüren waren mit marokkanischen Holzschnitzereien verziert. Greise Männer mit weißen Bärten und bestickten Gewändern traten aus dem dunklen Haupteingang ans Tageslicht. Sie wuschen sich die Füße und schlüpften in ihre ledernen Sandalen. Wäre ich vor hunderten von Jahren nach Djenné gereist, ich hätte wahrscheinlich eine ähnliche Atmosphäre vorgefunden.

Auf einem Mauervorsprung unterhalb eines schattigen Mangobaumes legte ich mich zur Ruhe. Ich schaute auf die flimmernde Hitze, die über dem sandigen Marktplatz schwebte. Wie ein verblichener Schwarz-Weiß-

Film rollten noch einmal die Bilder der letzten Tage über mich hinweg. Die Taxifahrt war ermüdend gewesen, und ich spürte noch die Nachwirkungen meiner obskuren Krankheit in den Knochen.

Nach dem Frühstück setzte ich mich auf das Flachdach des Hotels, in dem ich übernachtet hatte. Ich schob den Panamahut tiefer ins Gesicht und schaute dem Treiben auf der Straße zu. Menschen drängten sich durch die engen Gassen. Es wurde wild palavert. Gerüche exotischer Gewürze und Gestank von Fäkalien mischten die heiße Luft auf. Säcke mit Reis und Kartoffeln wurden auf den Köpfen der Händler balanciert oder von Mauleseln stadteinwärts getragen. Auch Eisenwarenhändler, Teppichverkäufer, Schuster und Bettler trieben im Strom. Mehrmals brach im Gedränge der Verkehr zusammen. Kamele bissen um sich, und Polizisten in sandbrauner Uniform schlugen auf störrische Maulesel ein.

Am frühen Nachmittag begab auch ich mich in das städtische Treiben. Ich hätte in der Menschenmenge zusammenbrechen können, man hätte mich weitergeschoben. Haut an Haut mit schreienden, quetschenden, schwitzenden Körpern, die alle nur eines wollten – auf den Marktplatz. Ein Tohuwabohu. Nach Atem ringende Kinder klammerten sich an ihre Mütter, denn sie drohten in dem Chaos unterzugehen. Mit Händen und Füßen drückte ich meinen Körper durch die rempelnden Massen. In der Ferne sah ich über den Köpfen mein Ziel, ihr Ziel vor Augen: die ockerfarbene Moschee.

Jeden Montag erwachte Djenné aus seiner Lethargie und verwandelte sich in ein Tollhaus. An diesem Tag war Jahrmarkt, Fischmarkt, Viehmarkt, Kleidermarkt und Flohmarkt. Hier flossen viele Handelswege zusammen. Das Einzugsgebiet reichte von Nigeria im Osten bis zur Atlantikküste Senegals im Westen, von den sandigen Weiten der Sahara bis zu den tropischen Stränden der Elfenbeinküste. Auf dem Markt schien es keine Religion, keinen Stamm und keine Rasse zu geben. Hier waren alle Händler und sprachen nur eine Sprache: die des Feilschens und Handelns. Und die war universal. Dabei spielte es keine Rolle, ob man Französisch, Englisch, Arabisch oder eine der vielen afrikanischen Sprachen und Dialekte sprach. Man redete vor allem mit dem Körper: mit gestikulierenden Händen, schnalzender Zunge, schüttelndem Kopf und rollenden Augen. Es war ein Fest des Austauschs und der Begegnung.

Wo gestern noch auf dem ausgestorbenen Marktplatz Stille herrschte, lebte heute alles in Saus und Braus. Über Nacht waren aus Holz, Blech und Plastik Verkaufsbuden und Stände entstanden, die man ohne jegliche Struktur und Ordnung aufgebaut hatte. Afrikanische Spontaneität und Improvisation. Und doch schien jeder zu finden, was er wollte. Dicke Frauen in farbenfrohe Tücher gekleidet schmissen die Fisch-, Obst- und Gemüsestände. Sie palaverten mit mehreren Kunden gleichzeitig und schlugen zwischendurch mit Fliegenwedeln auf ihre gepriesenen Waren oder jungen Gehilfen ein, die ihrer Meinung nach nicht schnell genug arbeiteten. In Nigeria nannte man sie auch Mama Benz, weil sie meistens mit ihrem Mercedes die Waren zu den Märkten transportierten. Der Markt war ihr Königreich. Hier verkauften sie nicht nur die Waren, sondern tratschten auch über Männer, Skandale und Familiengeschichten. Und was wäre ein Geschwätz, ohne über Kosmetika, Frisuren und neuste Modestoffe geplaudert zu haben.

Vor der Moschee türmten sich Berge von Secondhand-Kleidung auf. Zum größten Teil Bestände von Altkleidersammlungen aus Deutschland und den Beneluxländern. Dazwischen auch preiswerte Textil-Neuware aus Südkorea, Taiwan und Hongkong. Bei jungen Männern waren Fußballhemden berühmter französischer und brasilianischer Fußballspieler gefragt. Tage später sah man sie dann mit Trikots von Zidane und Ronaldo durch ihre Dörfer stolzieren.

Weiter vorne sah ich billiges Spielzeug und Plastikartikel in unendlichen Variationen und Farben. Die Wegwerfgesellschaft hatte auch hier Einzug gehalten.

Dröhnende Bässe klangen aus den Lautsprechern, als ich einen der vielen Musikstände passierte. Im Rhythmus der Musik tanzte die vorbeiziehende Menschenmenge in der schweißtreibenden Mittagshitze. Ich hörte nicht nur die afrikanischen Musiker Salif Keita, Youssou N ´Dour und Papa Wemba, sondern auch moderne elektronische Musik aus Amerika und Europa.

Ich steuerte mit dem gewaltigen Strom auf die Mitte des Marktplatzes zu, dem kulminierenden Endpunkt. Mit jedem Schritt trieb ich näher in ein brodelndes, hektisches Getöse. Wie ein Wassertropfen wurde ich in die Stromschnellen gerissen und sah mit verschwommenen Augen ein rauschendes Fest an mir vorbeiziehen, das sich nur noch in einem riesigen Wasserfall entladen konnte. Kopfüber tauchte ich in ein Meer von Sinneseindrücken, das meine Vorstellungen überstieg. Ich sah stählerne Männer mit nackten Oberkörpern und schöne Frauen in prächtigen Gewändern, kostete von Datteln, Feigen und türkischem Honig. Ich fühlte Berberteppiche und Kente-Stoffe aus Ghana. Es duftete nach Zimt, Nelken, Weihrauch, Bienenwachskerzen und frischem, gegerbtem Leder. Ich schwelgte in Edelsteinen, Gold, Amberketten und feinstem Silberschmuck der Tuaregs. Und ich rauchte aus Wasserpfeifen, die Karawanen aus Marokko mitgebracht hatten.

Die Augenblicke der sinnlichen Entzückungen waren aber durchsetzt mit abgrundtiefem Ekel, Trostlosigkeit und Entsetzen. Zwischen den Waren und den emsig handelnden, schauenden, fluchenden und lachenden Menschen sah ich auch Berge von Dreck, Abfallhaufen, auf denen Krähen, Geier, Ratten, Kakerlaken und Fliegen ihr Unwesen trieben, stinkende Abwässer, Katzen mit ausgekratzten Augen, ausgemergelte Esel, Hühner mit durchgeschnittenen Kehlen und gefesselte Ziegen und Schafe, die ihr Schicksal schon erahnten und Todesschreie ausstießen. Bettler mit zerrissenen Lumpen lagen im Dreck. Leprakranke reckten ihre Stümpfe in die Höhe und verlangten Erbarmen und ein Almosen.

Und überall Kinder: verlorene Kinder, bettelnde Kinder, pinkelnde Kinder, klauende Kinder und Kinder mit aufgedunsenen Bäuchen, mit

Krätze, Läusen und Flöhen. Kinder in erbärmlicher Armut, die nicht nur an diesem Tag um ihr Überleben kämpften. Zwischen den Beinen der dahintreibenden Menschenmassen ergatterten sie verfaultes Obst und Gemüse oder erhaschten auf brennenden Abfallhaufen hier und dort einen Klumpen verschimmelten Brotes. Aber sie aßen es nicht in Ruhe auf. Sie verschlangen auf der Stelle, was sie gefunden hatten. Sonst hätten andere hungernde Kinder ihnen die Essensreste aus den Händen gerissen.

Meine Toleranzgrenze war überschritten. Ich musste hier raus. Ich versuchte mich zwischen den Ständen durchzuschlagen. Ohne mir Gedanken um die Orientierung zu machen, erreichte ich ein ruhigeres Stadtviertel. Ich befand mich auf einmal in der Rue de la Médicine. Dort gab es ein Krankenhaus und mehrere Apotheken, die neben Arzneien auch Krücken, Rollstühle, Prothesen und Bandagen verkauften. Aus Neugierde ließ ich mir in der Pharmacie »Islam« Malaria-Medikamente zeigen. Das Sortiment war gut bestückt. Beim näheren Hinschauen stellte ich aber fest, dass bei vielen Medikamenten das Verfallsdatum überschritten war. Außerdem wurden Tabletten über den Tresen verkauft, die aufgrund ihrer toxischen Nebenwirkungen schon lange vom deutschen Markt genommen worden waren. Was für uns nicht mehr gut genug war, reichte anscheinend noch für die Afrikaner. »Die Welt ist nicht fair«, sagte ich dem Apotheker. Ihn schien das nicht zu stören. Solange sich seine Kunden nicht beklagten, konnte es ihm recht sein.

Er lud mich zu einem Kräutertee ein, bevor ich wieder in das städtische Treiben eintauchte. Die Sonne hatte ihren Zenit überschritten und verneigte sich langsam vor dem afrikanischen Boden. Die Rue de la Médicine führte in gerader Richtung stadtauswärts. Ich wurde wieder in einen Sog hineingezogen, und ich wusste nicht, warum. In dem Gedränge stellten sich einige Schaulustige auf Zehenspitzen und gafften über die Köpfe der anderen hinweg. Auch ich reckte meinen Hals in die Höhe. Was gab es da zu sehen?

Auf mich glotzten Fratzen und kopulierende Paare aus schwarzem Holz. Sie blickten mich vorwurfsvoll an, als ob ich kein Recht hatte, ihnen zuzuschauen. An ihren Flanken standen Gris-Gris und mannsgroße Nagelfetische, die mit drohendem Speer versucht waren, den Betrachter zu erstechen. Ich rieb mir die Augen frei und schaute noch einmal hin. Nein, es konnte nicht allein die euphorische Wirkung des Kräutertees gewesen sein. Das, was ich sah, war ungeheuerlich und wahr.

Ich befand mich am Anfang eines riesigen Fetischmarktes, der alles für die Herzen und Leidenschaften der Marabuts, Wahrsager, Medizinmänner, Schamanen und Scharlatane hatte. Ich wandte meinen Kopf zum Nebentisch, um dort nur noch abstrusere Dinge zu entdecken. Dort lagen auf Holz gespannte, ausgetrocknete Eidechsen mit aufgerissenen Mäulern, halbverweste Teufelsfische und Seepferdchen, einzelne Haifischzähne, Hasenpfoten, Schlangenhäute, tote Ratten, Mäuse und Vögel. Unter ihnen erblickte ich auch zwei Mauersegler. Männchen und Weibchen lagen nebeneinander, so als hätten sie dort schon immer gelegen. Ihr Anblick machte mich traurig. Um sie herum standen Schalen mit Kräutern, Gewürzen, Wurzeln, Kolanüssen, Baumrinden und Süßhölzern. Ich war gerade dabei, den in ein dunkelbraunes Gewand gekleideten Schamanen hinter dem Tisch zu fragen, welche Kräfte in den Mauerseglern wohnten, als ich am rechten, oberen Tischrand ein geöffnetes Kästchen mit Kaurischnecken und Jakobsmuscheln sah. Ich zuckte zusammen.

Der alte Schamane schaute mich mit funkelnden Augen an. Er erkannte meine momentane Verwirrung und zeigte mit beiden Händen gleichzeitig, ohne etwas zu sagen, auf die Kauris und Mauersegler. Woher wusste er, was in meinem Kopf vorging?

Als ich auf die Mauersegler zeigte, streifte mich jemand von hinten. Es war kein gewöhnliches Schubsen oder Rempeln. Die Berührung war bestimmend. Ich drehte mich herum und sah in dem Gedränge eine gleichförmige Menschenmasse. Meine Augen bewegten sich rastlos. Aber ich konnte nichts Besonderes ausmachen. Und doch, nach einer gewissen Zeit erregte ein Gegenstand meine Aufmerksamkeit, der sich von mir fortbewegte.

Stadtauswärts, in Richtung der untergehenden Sonne, tanzte ein Tonkrug über den Köpfen der Menschen, langsam und gleichmäßig. Wie von Sinnen nahm ich die Verfolgung auf. Die meisten Menschen liefen stadteinwärts, doch mich drängte es in die entgegengesetzte Richtung. Ich wollte wissen, wer diesen Tonkrug auf dem Kopf trug. Ich wusste nicht, warum mich dieses oder jenes trieb. Ich wusste nur, dass ich dieses Geheimnis für mich lüften musste. Mit jedem Schritt wurde ich schneller. Je weiter ich mich vom Stadtzentrum entfernte, desto einfacher wurden die Lehmhütten. Ärmliche Vorstadtidylle breitete sich vor mir aus. Über mir flogen Fledermäuse mit riesigen Spannweiten in die Dämmerung. Auch sie trieb es in den Sog der untergehenden Sonne. Sie stießen schrille Töne aus. Am Tage hingen die Fledermäuse in Baumwipfeln und Höhlen. Nun bedeckten sie mit ihren ausgestreckten Flughäuten den Himmel. Es hatte fast den Anschein, als würden sie allein ausreichen, um die Umgebung von Djenné in Dunkelheit zu tauchen. Immer schneller lief ich der einbrechenden Nacht hinterher. Es knirschte unter meinen Schuhen. Ich schaute auf den Boden und sah, dass ich eine Kaurischnecke zertreten hatte. Als ich mich wieder aufrichtete, durchdrang eine schwarze, kolossale Gestalt die Finsternis. Ein stolzer Gang, majestätisch und voller Anmut.

Die letzten Behausungen lagen hinter uns. Vor uns der weite Bani-Fluss. Tief und schwer lag er in seinem Bett. Sie stellte den Krug in den Sand und schritt, ohne ihr zerrissenes, schwarzes Gewand abzustreifen, in den Strom hinein. Langsam tauchte sie in die Tiefen des Wassers, und ich verlor sie aus den Augen.

Ich stand da … bewegungslos …

Ich konnte ihr nicht folgen. Aber ich konnte auch keinen Schritt zurückmachen. Wie gefangen wartete ich am Flussufer auf mein Schicksal. Es war totenstill. Mit zitternden Händen holte ich mein Taschentuch aus der Hosentasche und wischte mir den Schweiß aus dem Gesicht.

In diesem Augenblick tauchte die schöne Afrikanerin wieder auf. Mir stockte der Atem. In meinen Adern raste der Puls. Sie ging auf mich zu. Eine Kette aus geschnitzten Knöchelchen schwang um ihren kräftigen Nacken. Wir standen Brust an Brust. Ihr Atem war feucht und heiß. Sie war wild und prächtig. In ihren Augen leuchtete Wollust. Wie eine ungeheuerliche, zügellose Hyäne riss sie mein Hemd auf und biss in meinen Nacken. Bevor ich zurücktreten konnte, hatte sie ihre Lippen an meine Haut gepresst und glitt mit ihrer gierigen Zunge an meiner Halsschlagader hinunter. Ihre feuchte Zungenspitze tastete meinen Puls. Ich schaute nach oben zu schwebenden Himmelswolken, nach unten zum lodernden Höllenschlund. Unsere schwitzenden Körper bebten. Sie umarmte mich, nahm mich, verzehrte mein Fleisch. Die nackte Erde lag unter uns und über uns das unendliche, zeitlose Universum.

Ich wachte unter einem riesigen Baobabbaum auf. Der Fluss strahlte in der aufgehenden Sonne. Ich war alleine. Die Knöpfe an meinem Hemd waren abgerissen. Der Kragen mit Blut befleckt. Ich knotete die unteren Enden zusammen, richtete mich auf und schaute in den Himmel. Warum hatte ich die Kontrolle verloren und keinen Widerstand geleistet? Ich hielt mir die Hände vors Gesicht und dachte an die Worte von Laurens van der Post: *Afrika sei eine mächtige und unbefriedigte, barbarische Frau, die immer noch einen würdigen Liebhaber suche und deswegen alle Neuankömmlinge auf ihre unergründliche und wollüstige Weise auskoste.*

Ich betastete meinen Körper. Die Glieder schmerzten. Ich zog mich aus und wanderte in den Strom. Im Wasser wollte ich die gestrige Nacht abstreifen, die Haut abziehen, mich von allem lösen. Aber je mehr ich an meiner Haut rieb, desto klarer wurde mir, dass diese Nacht, dieses Abenteuer ein Teil meines Lebens geworden war. Afrika hatte ihre Fühler ausgestreckt und mit dämonischer Kraft meinen Körper und meine Seele durchdrungen.

HIV-AIDS! Wieso hatte ich mich auf dieses Abenteuer eingelassen? Mit einem Schlag war ich mit einem Problem konfrontiert, das ich nicht kontrollieren konnte. Ich raffte meine Sachen zusammen und drehte dem Strom den Rücken zu.

Djenné war wie ausgestorben. Wo sich gestern noch Menschenmassen durch die engen Gassen schoben, war heute eine unheimliche Stille eingekehrt. Allein der stinkende Abfall erinnerte an den Markttag. Eine bleierne Luft lag unter dem bedeckten Himmel. Ziellos trieb ich durch die Stadt. Was ich suchte? Ich wusste es nicht. Am liebsten wäre ich vor mir selber davongelaufen. Aber wohin? Mit jedem Schritt ritt ich in eine tiefere Angst. Ich fühlte das Virus in meinen Venen. Ich wusste um mein befristetes, irdisches Dasein. Auf den Tod brauchte ich nicht zu warten, denn er kam sowieso. Ich sorgte mich um ein noch kürzeres Leben, als es ohnehin schon war. Meine Pläne und Projekte? Würde ich sie noch erleben? Ich fühlte mich wie ein Mensch, der Schiffbruch erlitten hatte. Wie ein Stück Treibholz an Land gespült.

Ich weiß nicht mehr, wie ich zum Hotel zurückfand. In meinem Zimmer wanderte ich auf und ab, als ob ich in eine Gefängniszelle eingesperrt worden wäre. Eine Rastlosigkeit plagte mich, die ich nicht in Worten fassen konnte.

Nach den Vorkommnissen in Djenné suchte ich Ablenkung bei den Dogon. Dieser Stamm lebt südlich des Nigerbogens entlang des Plateaus von

Bandiagara. Die bizarre Landschaft der Falaise, ein etwa 200 km langer und bis zu 400 m tiefer Felsabbruch, ist das Rückzugs- und Siedlungsgebiet eines Volkes, dessen Zahl rund eine viertel Million beträgt. Bis zur Ankunft der Franzosen bauten die Dogon ihre Dörfer aus Lehm und Stein in die unzugänglichen Felsen der Falaise, damit sie von den Pferden der sie bedrohenden Mossi-Reiter nicht erreicht werden konnten. Das Land der Dogon ist eine der letzten Regionen in Afrika, in der die Gesellschaft, Religion, Kunst und Architektur noch tief in der Tradition verwurzelt sind.

Ich hatte in Mopti nach einem Führer Ausschau gehalten, der mich durch die Falaise von Bandiagara begleiten sollte. Ich entschied mich für Ogotemelli, einen jungen Mann vom Stamm der Dogon. Er war ortskundig, hatte eine unbekümmerte Art und sprach Französisch. Unseren Reiseproviant hatten wir in einem Gemischtwarenladen gekauft: Wasser, Tee, Zucker, Trockenmilch, Öl, Reis, Nudeln, getrocknetes Rindfleisch, Kekse, Brot, Marmelade, Tomaten, Zwiebeln und Obst.

Es waren nicht nur die Dogon, die mich interessierten. Ich hatte vor allem das Bedürfnis, im Schweiß meines Angesichts durch die bizarren Berge zu wandern. Vielleicht konnte ich über die körperliche Anstrengung verdrängen, was sich in Djenné zugetragen hatte. Eigene Erfahrungen haben mich gelehrt, dass die Natur die bezaubernde Gabe hat, den Menschen wieder auf seinen Platz zu verweisen.

Nachdem wir drei Tage durch unwegsames Terrain gewandert waren, erreichten wir die Falaise. Wir kletterten bisweilen auf allen Vieren durch den zerklüfteten Felsabbruch, der das Plateau von den südlichen Niederungen abgrenzte. An einigen Stellen türmten sich meterhohe Steinsäulen auf, die durch Wind und Wetter aus dem Fels herausgemeißelt worden waren. Ich blieb mehrmals stehen. Mich juckte es in den Fingern, irgendwann einmal mit den Händen Holz und blanken Fels zu bearbeiten.

Wir stiegen einen steilen Pfad hinab und sahen unter uns eine Ansammlung von Lehmgehöften. Ogotemelli setzte den Rucksack ab und trank aus seinem mit Wasser gefüllten Ledersack. Sein Gesicht strahlte.

»Mein Dorf, Sanga! Schau, zwischen den braunen Getreidespeichern liegt mein Gehöft. Von oben sieht es aus wie ein auf dem Rücken liegender Mensch.«

»Hast du es selbst gebaut?«

»Ein Nachbar hat mir geholfen. Die Mauern sind zum größten Teil aus Lehm, das Fundament aus Stein und die Verstrebungen aus Balken. Meine Eingangstür hat ein alter Baumeister aus Holz geschnitzt. Meine Familie passt auf, dass sie nicht von Touristen geklaut wird. Les blancs sont terribles!«

Mit grimmiger Miene schulterte er seinen Rucksack und folgte einem aufgestauten Bach ins Tal. Das Wasser nutzen die Dogon für ihre Mais- und Hirsepflanzungen. Ich sah auch Tabaksträucher und Indigogewächse, aus denen dunkelblauer Farbstoff für Baumwolle und Leinen gemacht wird.

In Sanga waren die Lehmgehöfte nur durch schmale Gassen getrennt. Die hohen Außenfassaden wirkten wie Schutzwälle. Das Leben der Dogon spielte sich anscheinend hauptsächlich in den Höfen ab.

»Warum sind die Wände mit roter Farbe bespritzt?« »Opferspuren von Tieren. Ihr Blut wird als Fassadendekor benutzt.«

Ein paar Schritte weiter blieb ich wieder stehen. Ich sah einen alten Mann, der kleine Hölzer in den Sand legte. Er war kahl geschoren. Vor seinem dunkelbraunen Gewand baumelte schwerer Eisenschmuck, in dem Steine gefasst waren.

»Wer ist das?«

»Unser Schamane. Jeden Abend zeichnet er Muster in den Sand und bestückt das steinumrandete Feld mit Erdnüssen und kleinen Hölzern. Wenn sich der Fuchs in der Nacht die Erdnüsse holt, zerstört er die Anlage. Am nächsten Tag erfährt er durch die hinterlassenen Spuren seine Antwort.«

»Auf was?«

»Auf das, was sich ereignen wird.«

Nach dem Abendessen rollte ich meinen Schlafsack auf dem Flachdach von Ogotemellis Gehöft aus. Die Nacht war sternenklar. Es wehte ein eisiger Wind. Ich stülpte mir einen zweiten Pullover über. Trotzdem konnte ich nicht schlafen. In Gedanken war ich wieder in Djenné. Wie ein barbarisches Schwert konnte HIV das Leben zerschlagen. In Momenten der größten Wollust schaffte es die Natur, dem Menschen einen langsamen Todesstoß zu versetzen. In meinem Wahn malte ich mir das Szenario der Krankheit von den ersten Symptomen bis zum Tod aus.

Ich hätte in Afrika auch an anderen Infektionen erkranken können, zum Beispiel an Malaria. Trotz aller Vorsichtsmaßnahmen wie Moskitonetz, Mückenspray und Prophylaxe. Das wäre ein Missgeschick gewesen. Aber glücklicherweise war die Krankheit behandelbar und stellte keine direkte Gefahr für andere Menschen dar. Bei HIV war das anders. Eine HIV-Infektion über den ungeschützten Geschlechtsverkehr war mit Verantwortungslosigkeit und Schuld beladen und nicht verzeihlich, weder bei sich noch in der Gesellschaft. Und solange ich keine Klarheit über meinen HIV-Status hatte, lebte ich in einer erdrückenden Ungewissheit. Wochen vergehen, bis man im Blut Antikörper oder Teile des Virus nachweisen kann.

Als wir uns am nächsten Morgen auf den Weg machten, hockte der Schamane vor dem steinumrandeten Feld. Der Fuchs war da gewesen und hatte das Orakel verwüstet. Nach Aussage des alten Priesters war ein unheilvoller Tag angebrochen. Er schaute uns mit besorgter Miene an, so als ob er uns raten wollte, an diesem Tag in Sanga zu bleiben. Ogotemelli entschied trotzdem, die Wanderung fortzusetzen, versicherte aber dem Hogon, wachsam zu bleiben.

Die Morgenluft war noch kühl. Ogotemelli lief ein paar Schritte voraus. Er hatte seine Ziegendecke über die Schultern geschwungen. Um den Hals hing sein wassergefüllter Ledersack. Schritt für Schritt durchwanderten wir die Falaise und erreichten nach mehreren Stunden die Speicherbauten von Ireli. Hochragende Getreidesilos waren in den nackten Fels hineingebaut worden. Hier lagert die Ernte des Jahres und sichert das Überleben der Bauern. Dürreperioden und Notzeiten können durch diese Vorratswirtschaft überbrückt werden.

Mauersegler glitten über die Felsvorsprünge und flogen Kapriolen in der Luft. Waren es dieselben, die im Sommer unter meiner Dachterrasse brüteten? Erkannten sie mich wieder? Auch sie konnten mich nicht von meinem traumatischen Erlebnis in Djenné ablenken.

Kurze Zeit später brach ich das Schweigen. Ich musste mich jemandem mitteilen, sonst wäre ich verrückt geworden. Ogotemelli schaute mich mit vorwurfsvollem Blick an, als ich auf AIDS zu sprechen kam. Seine Gesichtszüge spannten sich. In seinen Augen lag eine eisige Kälte.

»Dieses verfluchte Thema. Die Krankheit ist eine Schande für unseren Kontinent. Und ihr seid schuld daran!«

»Wie meinst du das?«

»Das weißt du ganz genau. Oder hast du die Geschichte vom perversen Europäer vergessen?«

»Wie kann ich eine Geschichte vergessen, die ich noch nie gehört habe?«

»So seid ihr Europäer. Wenn es unangenehm wird, verschließt ihr eure Ohren. Hast du nicht gelesen, dass vor ein paar Jahren ein Entwicklungshelfer mit seinem Hund nach Bamako kam, um sich zu amüsieren. Er bezahlte eine schwarze Nutte, damit sie es mit seinem Hund treibe. Und der Weiße hat dabei zugeschaut. Dieses Schwein. Der Hund hatte AIDS und die Prostituierte angesteckt. So ist die Krankheit nach Bamako gekommen und hat sich in Mali ausgebreitet.«

»Woher hast du die Geschichte?«

»Aus der Zeitung.«

Er wandte sich von mir ab und schaute in die Berge. »Möchtest du meine Meinung hören?«, fragte ich ihn.

Er drehte sich herum.

»Rede! Es wird dir schon was zu deinem Vorteil einfallen.«

Ich war unentschlossen fortzufahren. Das Gespräch hatte eine Richtung angenommen, die ich nicht beabsichtigt hatte. Doch nun drängte

Ogotemelli. Er suchte die Konfrontation. Die bizarren Felsformationen wurden zur Kulisse eines Streitgespräches, und meine Aufmerksamkeit richtete sich nun ausschließlich auf das, was ich vorbrachte. Wie dünn war das Eis?

»Nach neusten Untersuchungen ist die Krankheit von Schimpansen auf den Menschen übertragen worden. Das passierte so um 1930 in Zentral-Afrika, wahrscheinlich im Kongo oder Kamerun. Die steigende Nachfrage an Schimpansen in der Forschung und der Zirkuswelt brachte Menschen und Schimpansen zu Beginn des 20. Jahrhunderts in engeren Kontakt.

Während der Kolonialzeit wurden viele Afrikaner für Projekte eingesetzt, wie zum Beispiel beim Bau der Eisenbahnlinie von Brazzaville zum Atlantischen Ozean. Viele starben an Unterernährung. Wahrscheinlich hatten die Betroffenen in ihrer Verzweiflung auch Schimpansen zum Verzehr gefangen und geschlachtet.«

»Das ist doch Unsinn. AIDS holt man sich doch nicht, indem man Affenfleisch frisst.«

»Das stimmt. AIDS bekommt man vor allem von Sex, ohne dabei Kondome zu benutzen. Aber auch über den Kontakt mit infiziertem Blut. Es war bestimmt nicht einfach, die Affen einzufangen. Da sind einige gebissen worden, oder haben sich beim Schlachten und Häuten der Tiere geschnitten und dabei angesteckt.«

»Das ist doch alles erlogen. Die Seuche ist von euch nach Afrika verschleppt worden.«

Er machte eine kurze Pause. Dann nahm er seinen Wanderstock in die Hand und schrie mich an: »Zuerst habt ihr die Afrikaner verrecken lassen, und dann macht ihr sie auch noch für die Entstehung von AIDS verantwortlich. Wir sind von euch ausgebeutet worden: Sklaven, Gold, Elfenbein und Kulturgüter. Alles habt ihr mitgenommen. Und jetzt mischt ihr euch auch noch in unsere sexuellen Verhaltensweisen ein. Nach der Kolonialisierung wollt ihr die »Kondomisierung« Afrikas. Zum Teufel mit euch.«

Es fehlte nicht viel, und er hätte sich in seiner Wut mit mir geprügelt. Außer sich vor Zorn, raffte er seine Sachen zusammen und brüllte mir ins Gesicht: »Sieh zu, wie du zurechtkommst.«

Er drehte sich nicht mehr um. Ich machte auch keine Anstalten, ihn zurückzuhalten. Ich ließ mich auf einem Felsvorsprung nieder und schaute auf die vor mir liegende Ebene. Ich war müde. Mein Geist ermattet, und meine Glieder schmerzten.

Nach allem, was sich in Mali ereignet hatte, wollte ich in diesem Land nicht länger bleiben. Ich schlug die Michelinkarte auf und schob den Finger in den Süden bis nach Koro. Von dort wollte ich mich nach Burkina Faso durchschlagen. Alles in allem ungefähr 60 km.

Ich wanderte zwei Tage unter der sengenden Sonne, bis ich die ersten Behausungen von Koro erreichte. Es war ein schmutziges Grenznest. Busse und Matatus jagten die staubige Hauptstraße auf und ab und suchten Passagiere nach Ouaga. Das war die gängige Abkürzung für Ouagadougou, die Hauptstadt von Burkina Faso. Ich war bereit für Ouaga und stieg in einen Bus. Discomusik dröhnte aus japanischen Lautsprechern. Mühsam bahnte ich mir den Weg durch die schwitzenden Körper. Es war heiß und stickig. Aus Angst vor Taschendieben schnürte ich den Rucksack vor die Brust und packte Travellerschecks, Pass und Flugticket in die vordere Hosentasche. Bis in den frühen Abend kreiste der Bus durch Koro und sammelte die letzten Passagiere auf. Dann fuhr er in die Dunkelheit hinein.

Als der Bus vor einem Schlagbaum Halt machte, sprangen die Passagiere heraus und rannten auf das Grenzhäuschen zu. Als ob es dort etwas umsonst geben würde. In ihrem Strom wurde ich mitgerissen. Soweit ich sehen konnte, war ich der einzige Weiße, der noch an diesem Abend über die Grenze wollte. Es war unfassbar, was sich vor den Tischen der Zollbeamten abspielte. Ohne Rücksicht auf die anderen wurde gedrängelt, geflucht und wild um sich geschrien. Jeder wollte als Erster seinen Pass unter die Nase eines Grenzbeamten halten. Im Schein einer Petroleumlampe sah ich fettleibige Beamte in graugrünen Uniformen hinter den Tischen sitzen. Sie griffen sich in aller Ruhe aus dem Gewühl einen Pass heraus, blätterten gelangweilt durch die Seiten und hämmerten dann den Einreisestempel hinein. Zwischendurch tranken sie Zuckerrohrschnaps aus Plastikbechern. Sie genossen ihre unbeschränkte Macht. Ihre Stiernacken quollen aus zu engen Uniformen. Mehrmals griffen sie in ihre Hosentaschen und holten dreckige Taschentücher hervor, mit denen sie sich den Schweiß aus dem Gesicht wischten. Der Ansturm am Abend artete in Arbeit aus. Und das schien sie zu reizen. Schon bald hatten sie einen etwa 40-jährigen Mann in ihren Fängen. Mit seinen Papieren stimmte anscheinend etwas nicht. Ein Grenzbeamter verschwand mit ihm in einem Hinterzimmer.

Auch ich hielt meinen Pass über den Tisch. Ich wollte nicht der Letzte sein. Nur nicht auffallen. In dem Gedränge konnte ich nicht erkennen, wer mir den Ausweis aus der Hand gerissen hatte. Ich zwängte meinen Kopf nach vorn und sah den weinroten Pass auf einem Stapel anderer Dokumente liegen. Wieder machte der Zuckerrohrschnaps seine Runde. Der Alkohol hatte ihre Zungen gelöst.

Thione, so nannten ihn seine Kollegen, griff sich meinen Pass und schaute auf einmal in die Höhe. Dieser Ausweis, das konnte ich an seinem feisten Lächeln erkennen, war für ihn bares Geld. Nun erfassten seine rotunterlaufenen Augen meine weiße Erscheinung in dem düsteren Licht. Wortlos senkte er wieder den Kopf und blätterte in den Seiten. Er ließ sich Zeit. Dann stand er auf, ging zu seinen Kollegen und zeigte ihnen meinen Pass. Sie hoben ihre Köpfe und schauten mich an. Schweiß rann über mein Gesicht. Auch die um mich stehende Menge schwenkte ihre Köpfe, und mit einem Mal wurde ich zum Mittelpunkt ihrer Aufmerksamkeit. Als hätten sich alle gegen mich verschworen. Umzingelt und hilflos fühlte ich mich ihrer Willkür ausgesetzt.

Thione fragte nach meinem Impfausweis. Ich atmete tief durch. Solange meine Papiere stimmten, konnten sie mir nichts anhaben. Ich reichte den gelben Impfausweis durch. Es wurde ruhiger. Jeder wartete auf die nächste Szene. War dies der Anfang einer Tragödie oder Komödie, in der ich langsam zum Hauptdarsteller avancierte? Thione stand auf und deutete mit seiner Hand, ihm ins Nebenzimmer zu folgen. Ich lehnte ab. Das Schauspiel musste sich vor dem Publikum abspielen. Hinter den Kulissen war ich ohne Zeugen und der Willkür der Beamten ausgesetzt. Trotz der Anspannung versuchte ich meine Haltung zu wahren. Ich verlangte nach Aufklärung. Ich hatte einen gültigen Pass, ein Visum für Burkina Faso und alle nötigen Impfungen. Was hatten sie auszusetzen? Je lauter ich wurde, desto ruhiger wurde es um mich. Thione hatte meinen Fall verzögert, indem er meine Dokumente unter den Stapel legte.

Es war nicht der geeignete Augenblick, sich aufzuregen. Ich musste warten, bis man die anderen Reisenden durchgeschleust hatte. Erschöpft zog ich mich aus dem Gedränge und zündete mir vor dem Grenzhäuschen eine Zigarette an. Die afrikanische Nacht hatte sich breit gemacht. Schwarz und ungewiss. Mit eingeschaltetem Motor wartete der Busfahrer auf die Passagiere, die sich langsam wieder auf die Plätze setzten. Mehrmals drückte er auf die Hupe und machte Anstalten, aufzubrechen.

Die Reihen lichteten sich langsam vor den Tischen der Zollbeamten. Auf einmal wieder Aufregung. Der Mann, den sie in das dunkle Nebenzimmer geschleppt hatten, gestikulierte wild mit den Händen, als er wieder zum Vorschein kam. Auch die Beamten wurden lauter und heizten in ihrem angetrunkenen Zustand die Stimmung auf. Als er als Letzter das Grenzhäuschen verlassen hatte, ging ich hinein. Die Grenzbeamten hatten sich auf ihren Stühlen zurückgelehnt und rauchten Zigaretten. Hier wurde ein Spiel gespielt, und die Spielregeln konnte ich nur erahnen.

Draußen dröhnte wieder die Hupe des Busses.

Man befahl mir, den Rucksack vor ihren Augen auszupacken. Hätte ich doch eine Whiskeyflasche oder eine Stange Zigaretten in meinem Gepäck gehabt. Aber außer meiner dreckigen Wäsche konnte ich nichts vorweisen.

Wieder dröhnte die Hupe. Die Situation wurde unerträglich. Ich rannte nach draußen und signalisierte dem Fahrer, dass ich gleich kommen würde.

Zynische Blicke empfingen mich, als ich wieder die Holzbaracke betrat. Der Faktor Zeit spielte mit meinen Nerven. Es war das Folterinstrument meines Tribunals.

Thione schaute von der vor ihm liegenden dreckigen Wäsche auf und sagte, dass Touristen nur tagsüber die Grenze überqueren konnten. Ein dafür vorgesehener Stempel stand angeblich nur zwischen 8.00 – 16.00 zur Verfügung. Danach landete er wieder im Safe. Das war die Schikane. Aber wie konnte ich mich gegen ein ungeschriebenes Gesetz wehren?

Ein feister, unrasierter Kollege von Thione schaltet sich ein. Sie nannten ihn Cissé.

»Wir könnten die Angelegenheit beschleunigen und unseren Boss überreden, den Safe zu öffnen. Für 100 Dollar Cash lässt er sich wecken.«

Ich griff in die Hosentaschen und legte 20 Dollar und meine Travellerschecks auf den Tisch.

»Mehr habe ich nicht.«

Thione grinste in die Runde seiner Kollegen.

»Dann wird unser Boss weiterschlafen und Sie die Nacht hier verbringen.«

Der Vorhang war gefallen, und das weitere Drama schien ohne Zeugen stattzufinden, denn der Bus hatte sich in Bewegung gesetzt und fuhr ohne mich nach Ougadougou. Ich war gefangen. Der Willkür korrupter und betrunkener Grenzbeamten ausgeliefert. Die angebrochene Nacht war ihr Terrain. Wie unbändige Bestien konnten sie ihre Grausamkeiten an mir ausleben, und niemand würde davon Kenntnis nehmen. Ich durchlebte keinen Albtraum, keine fieberhafte Malariaattacke. Ich befand mich nicht in Trance oder einem Alkoholrausch. IT WAS REAL!

Sie nahmen meine Zigaretten und Malariatabletten. Dann führte mich Thione in eine kleine Baracke, die etwas abseits von dem Grenzhäuschen lag. Er leuchtete mit seiner Taschenlampe einen stinkenden Raum aus, in dem ich die Nacht verbringen sollte. In der Ecke stand eine verrostete Stahlrohrpritsche ohne Matratze. Kein Wasser, kein Strom.

In dieser Nacht tat ich kaum ein Auge zu. Es waren nicht die Moskitos, die mir den Schlaf raubten. Auch nicht die Hyänen, die um die Baracke zogen und mit ihrem Geheul die Nacht aufwühlten. Tiere töten, um zu leben. Das ist ein grausamer und natürlicher Akt. Aber Menschen sind unberechenbar, vor allem dann, wenn sie Macht missbrauchen. In der Abhängigkeit der betrunkenen Grenzbeamten konnte ich jederzeit zum Spielball ihrer Launen werden. Und das machte mir Angst.

Erst am frühen Morgen fiel ich in einen kurzen Schlaf und träumte von einem Mauersegler: »Er musste schon in frühster Jugend in den Himmel fliegen, weil er sonst auf der Erde vernichtet worden wäre. So lebte er als junger Vogel in den Lüften, ernährte sich von Insekten und fallenden Regentropfen und ruhte auf schwebenden Wolken. Nun war es aber an der Zeit, auf die Erde zurückzukehren, denn im Himmel war er sehr einsam. Nur auf der Erde konnte er Freunde finden. Er musste sich entscheiden. Als einsamer Vogel über den Wolken leben oder landen und die Angst überwinden, vernichtet zu werden. Eine Angst, die gar nicht mehr vonnöten war, denn er war inzwischen groß und stark geworden. Und wie er sich auf den Landeanflug vorbereitete, wurde ihm Angst und Bange. Sein Kopf lief rot an und sämtliche Muskeln spannten sich. Nach der Landung war er wie von Sinnen, denn keiner war da, der ihn vernichten wollte, aber auch keiner, der mit ihm das Leben teilen wollte. So flog er wieder in den Himmel und lebte bis an das Ende seiner Tage ein einsames Leben, so wie er es in der Jugend gelernt hatte.

Meine schrecklichen Vorstellungen hatten sich in Luft aufgelöst, als ich in der Morgendämmerung meinen Körper abtastete und feststellte, dass ich noch aus einem Stück war. Mit den ersten Sonnenstrahlen packte ich meine Sachen zusammen und wartete vor dem Grenzhäuschen, das verschlossen war.

Es sah alles so friedlich aus. Eine Kolonie von Webervögeln zwitscherte in einem Mangobaum. Ihre Nester erinnerten an faustgroße Strohbällchen, die wie Weichnachtsschmuck an einem Christbaum hingen. Weihnachten. Alles war so weit weg. Mein Zuhause, meine Freunde und meine Eltern, die sich immer Sorgen machten, wenn ich den Rucksack packte und nach Afrika aufbrach. »Melde dich mal, und pass auf dich auf«, waren die letzten Worte, die ich vor jeder Abreise von meiner Mutter zu hören bekam. Ein Lebenszeichen war es, wonach sie sich sehnte.

Auf der staubigen Straße schlenderte eine junge Afrikanerin auf den Schlagbaum zu. Sie trug eine weiße, kurzärmelige Bluse und einen hellbraunen Rock. Sie hatte schöne Beine. Unter ihrem rechten Arm hielt sie ein Buch und eine Offiziersmütze. Mit Schwung riss sie den Schlagbaum nach oben. Es war die Zöllnerin vom Dienst.

Ich erzählte ihr meine Geschichte, als sie das Grenzhäuschen aufschloss und auf den Schreibtischen das Chaos aufräumte, das die betrunkenen Männer hinterlassen hatten.

Sie lachte und sagte: »Ich weiß Bescheid.«

Am liebsten hätte ich sie geküsst und ihr die Offiziersmütze von den Haaren gerissen, als sie mir meinen abgestempelten Pass zurückgab.

Sie fügte hinzu: »Heute ist Sonntag. Da fahren keine Busse über die Grenze. Aber vielleicht haben Sie ja Glück, und ein Auto nimmt Sie nach ›Oouuuuuuaaaagaaaaa‹. Da wollen Sie doch hin?«

Ich liebte ihre Aussprache. Wie würde es sich anhören, wenn sie Ouagadougou in voller Länge ausgesprochen hätte. Gab es überhaupt ein anderes Wort mit so vielen Vokalen? In Gedanken malte ich mir aus, wie ein langer Schwall von Os und Us und As aus ihrem schönen Mund strömte: »Oouuuuuuaaaagaaaaadooouuuuuuuuugooouuuuuuuuu.«

Den Morgen verbrachte ich im Schatten des Mangobaumes. Wenn mich nicht die Fliegen gestört hätten, wäre ich noch früher eingeschlafen. Sie liebten meinen ungewaschenen Zustand. Unablässig landeten sie auf meinem unrasierten Gesicht.

Nach Stunden das erste Auto. Ein klappriger Peugeot rollte langsam vor dem Schlagbaum aus. Binaté schmiss die Fahrertüre zu, drückte den Zigarettenstummel mit seiner Sandale aus und bewegte sich langsam zum Grenzhäuschen. Dann sah er mich.

»Monsieur Kay, unglaublich, du schon wieder.« Er wollte mich umarmen, aber ich stieß ihn von mir. Er war mir unheimlich geworden.

»Verfolgst du mich?«

»Monsieur Kay, ich bin froh, dich wiederzusehen, und du stößt mich zurück. Behandelt man so einen Freund?«

»Ich bin nicht dein Freund!«

»Kay, woher sollte ich wissen, dass du an diesem gottverlassenen Grenzübergang bist!«

Das war auch wieder wahr.

Binaté verschwand im Grenzhäuschen, um seinen Pass zu zeigen.

Seit der Nacht mit der Hyänenfrau war ich gegenüber Menschen skeptischer geworden. Aber war mir nicht Binaté bisher immer wohlgesonnen gewesen? Ich dachte an unsere erste Taxifahrt von Bamako nach Koulikoro. Und dann von Mopti nach Djenné.

Fünf Minuten später stand er neben mir und sagte: »Steig ein, ich nehme dich mit in das Land meiner Vorfahren.«

»Was meinst du damit?«

»Wir fahren zu den Lobi. Mein Stamm lebt an der Grenze zwischen Burkina und der Elfenbeinküste.«

Das war meine Richtung. Ich wollte sowieso nach Abidjan fahren und mich dort mit Künstlern treffen.

Ich warf meinen Rucksack auf die Rückbank und machte es mir auf dem Beifahrersitz bequem. Leichte Musik des malischen Virtuosen Habib Koité tönte aus den Lautsprechern.

»Aber ich dachte, du kommst aus Mali?«

»Dort lebe ich. Aber aufgewachsen bin ich in Burkina. Nach dem Tod meines Vaters hat meine Mutter keine Zukunft mehr in unserem Dorf Djigoué gesehen und ist zu ihrer Schwester nach Bamako gezogen. Sie hat nur mich mitgenommen. Meine älteren Geschwister sind bei den

Großeltern geblieben. Onkel Konaté lebt auch noch in Djigoué. Ein spezieller Fall!«

»Wieso?«

»Er ist Schamane. Er versteht die Kunst, Verborgenes zu entdecken. Er blickt vor allem in die Vergangenheit. Onkel Konaté erkennt Dinge und Vorgänge, die bereits geschehen sind, und versucht mithilfe von unsichtbaren Wesen ihre Ursachen zu ergründen.«

Eine karge Savannenlandschaft zog im flimmernden Dunst an uns vorbei. Es war Sonntag. Ein toter Tag. Die Straßen waren leer.

Die Städte waren leer.

Ouahigouya, Ouagadougou, Bobo-Dioulasso.

Zwischendurch Pausen.

Trinken, Essen, Pinkeln.

Benzin, Öl, Wasser, Reifendruck.

Teppich, Mekka, Allah.

Das Land war von der Dürre gezeichnet. Die Erde zerfurcht. Der Harmattan, ein Wüstenwind aus dem Norden, hatte die ausgetrockneten Lateritböden aufgewühlt. Aufsteigende Staubwolken verdunkelten den Himmel. Hirten kauerten mit ausgemergelten Rinderherden am Straßenrand. Es war Trockenzeit in der Sahelzone.

Ich zündete mir eine Gauloises an und fragte: »Kann dein Onkel auch in die Zukunft schauen?«

»Ich wusste, dass diese Frage kommen würde. Ihr macht euch in Europa zu viele Gedanken über die Zukunft und vergesst dabei, die Gegenwart zu leben. Die Zukunft spielt für die Afrikaner kaum eine Rolle. Viel wichtiger ist die Gegenwart. Sie produziert eine stets gegenwärtige Vergangenheit.«

»Was meinst du damit?«

»Bei den Lobi spielen die Ahnen eine große Rolle, denn sie sind ständig präsent und nehmen Einfluss auf das Geschick der Lebenden. Man schenkt ihnen Beachtung und bringt ihnen Opfer dar. Die Toten sind bei uns gegenwärtig, und deshalb ist der Tod von keiner schrecklichen Endgültigkeit. Wir leben in einem Schattendasein weiter, aber in Abhängigkeit von den Lebenden, auf die wir sogar Einfluss ausüben können.«

Ich streckte meine Beine durch das offene Fenster und hielt sie in den heißen Fahrtwind.

Onkel Konaté ging mir nicht mehr aus dem Kopf.

»Was hätte ich davon, wenn ich deinem Onkel einen Besuch abstatte?«

»Er könnte dir helfen, eine Verbindung zu deinen Ahnen herzustellen.«

Städte und Dörfer zogen an uns vorüber: Banfora, Sidéradougou, Gaoua, Loropéni.

Mitten in der Nacht erreichten wir Djigoué. Binaté stellte den Motor ab. Ich stieg aus und streckte meine Beine aus. Totenstille. Ein schlafendes Dorf lag vor uns im Mondschein. Unter wuchtigen Baobabbäumen standen Lehmhäuser. Treppen an den Häuserfassaden führten zu den Flachdächern, auf denen Feldfrüchte zum Trocknen ausgelegt waren.

Wir zogen unsere Schuhe aus und legten uns unter einem riesigen Baobabbaum in den Sand. Nach einer Weile sagte Binaté:

»Alle Menschen kennen und helfen sich hier. Jedes Schicksal wird von den anderen mitgetragen. Krankheit und Tod bewältigen wir gemeinsam. Allerdings hat man im Dorf so gut wie kein Privatleben.«

»Habt ihr auch Grenzgänger im Dorf?«

»Natürlich haben wir auch Exoten. Der Jäger zum Beispiel. Er lebt zwischen der Geborgenheit des Dorfes und der feindlichen Umgebung. Auch der Schmied. Seine Magie rührt aus der Tatsache, dass er Erde kocht und daraus Eisen gewinnt. Und natürlich Onkel Konaté.«

Eine leichte Brise rauschte durch den Baobabbaum. Sein silberfarbener, glatter Baumstamm ragte wie ein phallisches Monstrum in den sternenklaren Himmel. In der offenen Savannenlandschaft ist der Baobabbaum der wirkliche Protagonist Afrikas. Er ist kein nützlicher Baum, weil sein Holz spröde und schwammig ist. Seine Charakteristik ist ein störender Zufall aus Riesenhaftigkeit und Unbrauchbarkeit. Und doch hat der Baobab in der afrikanischen Wildnis seine Berechtigung. In ihm sitzen unvorstellbare, spirituelle Kräfte. Die blattlosen Äste erscheinen wie zum Himmel gerichtete Wurzeln. Wie ein auf den Kopf gestellter Baum. Dort verstecken sich nach Vorliebe die Geschichten der Ahnen und Geister. Und Afrika ist ein Kontinent der Geister und Dämonen, die gefürchtet und geliebt, bekämpft und vergöttert werden.

Gegen Mittag wanderten Binaté und ich auf eine Anhöhe zu. Hinter einem Felsen sah ich ein allein stehendes Lehmhaus. Vor dem Eingang lagen ausgebleichte Schädel und Knochen.

»Wo sind wir?«

»Bei Onkel Konaté. Als du noch schliefst, habe ich ihn aufgesucht und von dir erzählt. Er erwartet uns. Ich werde dich begleiten, da er weder Französisch noch Englisch spricht.«

»Das geht mir alles zu schnell. Ich bin darauf nicht vorbereitet.« »Umso besser. Komm rein.«

Ich folgte ihm, ohne zu wissen, auf was ich mich da eingelassen hatte. Ein blutbespritzter Vorhang wehte uns entgegen, als wir sein Haus betraten. Wir standen in einem dunklen Raum. In der Mitte der Decke befand sich eine kleine, runde Öffnung, durch die ein gebündelter Sonnenstrahl auf den Lehmboden fiel. Binaté forderte mich auf, Platz zu nehmen. Dann verschwand er in der Dunkelheit. Ich war allein. Es war totenstill. Als ich in die einfallenden Sonnenstrahlen schaute, saß mir auf einmal ein greiser Mann mit weißen, kurz geschorenen Haaren gegenüber.

Ich schreckte zusammen.

Er atmete in tiefen Zügen. Seine Augen fixierten meine Pupillen. Es war nicht einfach, seinem Blick standzuhalten. Aber ich tat es. Nach den abenteuerlichen Erlebnissen der letzten Wochen wollte ich hier nicht aufgeben. Nicht hier. Er hob seine Arme in die Höhe, so als wolle er die Sonnenstrahlen einfangen. Dabei schaute er weiterhin in meine Augen. Mit tiefer Stimme setzte er zu einem Sprechgesang an, der an Intensität zunahm. Mittlerweile fielen die Sonnenstrahlen nicht mehr senkrecht auf den Boden, sondern hatten sich geneigt und mein Gesicht erfasst. Auf einmal verstummte Konaté und reichte mir die Hand. Das Eis schien gebrochen. Er schaute sich in der Dunkelheit um und richtete dann wieder seine Aufmerksamkeit auf mich.

Binaté sprach aus dem Hintergrund: »Mein Onkel möchte wissen, warum du hier bist.«

Anstatt von der Hyänenfrau und meinem ominösen HIV-Verdacht zu erzählen, holte ich in einer spontanen Aktion mein Halstuch aus der Hosentasche und breitete die Kaurischnecken vor ihm aus.

Konatés Gesichtsmuskeln spannten sich.

Stille ...

Ich fühlte den Pulsschlag in den Adern. Schweißperlen standen auf meinem Gesicht.

Auf einmal griff Konaté hinter sich. Seine Hände fuchtelten zwischen verschiedenen Gegenständen, die ich in der Dunkelheit nicht erkennen konnte. Plötzlich ein lautes »klick … klick … klack« und wieder »klick … klack … klick … klack«.

Die Sonnenstrahlen fielen mir wie Nadeln ins Gesicht und blendeten meine Augen. Ich neigte mich zur Seite und schaute auf den Lehmboden. Außer meinen Kauris war nichts zu sehen. Und doch fiel mir auf, dass die Anzahl der Kauris zugenommen hatte. Zwischen meinen lagen noch größere und dunklere Kauris. Mit einem Streich sammelte Konaté alle ein, schüttelte sie in seinen Händen und ließ sie auf den Boden fallen.

Stille … Warten … Geduld …

Lange schaute Konaté auf die Kauris. Dann kam Binaté aus der Dunkelheit, setzte sich neben mich und übersetzte Konatés Worte: »Du fliegst durch das Leben wie ein Vogel, der Angst hat, ein Nest zu bauen. Du lebst in den Lüften und möchtest im selben Moment Boden unter den Füßen. Vertraue deiner irdischen Kraft.«

Konaté stand auf und verschwand in der Dunkelheit. Ich blieb mit Binaté sitzen, obwohl meine Beine schmerzten. Die Sonnenstrahlen hatten sich nun so weit geneigt, dass sie den hinteren Raum erhellten. Ich schaute mich um. Auf verstaubten Holzregalen stapelten sich Holzskulpturen, Schädelknochen, Hölzer, Muscheln, Schnecken, Steine, Mörser, rostige Werkzeuge, Kerzen und Gläser.

Nach kurzer Zeit kam Konaté zurück und legte mir eine faustgroße, mumifizierte Kröte vor die Füße. Ihre plastische Struktur war vollkommen erhalten geblieben. Die faltige Haut spannte sich über den ausgetrockneten Körper, der innen hohl war. Aber das war nicht das Sonderbare. Vielmehr frappierte mich bei ihrem Anblick, woran sie gestorben war. Die gebeugten Schenkel und geballte Dynamik in ihrem Körper ließ darauf schließen, dass sie im Sprung gestorben sein musste. Hatte der Blitz sie erschlagen? Dann wäre sie verkohlt gewesen! Wurde sie von einem Auto überfahren? Dann wäre sie platt! Oder hatte ein Raubtier sie angegriffen? Aber ihr Körper zeigte keinerlei Anzeichen einer Verletzung.

Wieder übersetzte Binaté die Worte seines Onkels: »Die Kröte ist ein Fetisch und hilft dir, die Erde zu achten. Ihre Kraft hat einen positiven Einfluss auf dein Leben, sofern du sie ehrst und ihrer gedenkst.«

Dann überreichte Konaté mir die Kröte und begleitete mich zum Ausgang. Einige Zeit später kam auch Binaté mit meinen Kaurischnecken und setzte sich zu mir auf einen Felsen.

»Interessant«, sagte ich und schaute auf die Kröte in meiner ausgebreiteten Hand, »Mauersegler spielen in meinem Leben eine Rolle. Aber Kröten?«

Und doch! Vielleicht steckte dahinter die Einsicht, das Leben nicht nur aus der Vogelperspektive, sondern auch aus der Froschperspektive zu betrachten. Nur wer seine Wurzeln kennt, dem sind auch seine Flügel zu etwas nütze. Hatte ich bisher nicht den umgekehrten Weg eingeschlagen?

In Westafrika war ich in eine abenteuerliche und mystische Welt eingetaucht. Das hatte Kraft und Energien gekostet, die ich eigentlich aufwenden wollte, um afrikanische Künstler aufzusuchen. Ich konnte und wollte das nicht mehr. Ich sehnte mich nach Ruhe. Mir war nicht mehr nach neuen Begegnungen und neuen Ländern. Ich brauchte Abstand zu Afrika.

Am nächsten Tag fuhr mich Binaté an die Grenze zur Elfenbeinküste. Dort begann meine lange Busreise nach Benin. Wie bei einem Staffellauf wechselte ich die Busse am Tage, schlief nachts in einfachen Hotels und setzte am nächsten Morgen meine Reise fort. Im Rausch der Geschwindigkeit und hinter dem Glasfenster zogen die Elfenbeinküste, Ghana und Togo an mir vorbei. Mir war nach Ankommen. Ich hatte kein Interesse mehr, mich während der Busfahrten mit Menschen zu unterhalten. Ich verkroch mich hinter Büchern oder tat so, als würde ich schlafen. Ich überquerte die Landesgrenzen am Tag und tauschte kein Geld auf dem Schwarzmarkt. Mir war nicht mehr nach betrunkenen Grenzbeamten und unkalkulierbaren Abenteuern mit der Polizei.

An einem Nachmittag erreichte ich den internationalen Flughafen von Cotonou in Benin. Vier Wochen früher als geplant trat ich meine Heimreise an. Ein Flug durch die afrikanische Nacht. Zurück auf den europäischen Kontinent. In meinem Gepäck eine Hand voll Kaurischnecken und eine in Watte gehüllte, mumifizierte Kröte. In meiner Erinnerung abenteuerliche Erlebnisse und Begegnungen und die bohrende Ungewissheit über meinen HIV-Status.

Köln

»Das Leben ist das, was wir aus ihm machen.« Fernando Pessoa

Es regnete, als ich mit dem Taxi vom Flughafen in die Kölner Innenstadt fuhr. Blicke über den Rhein, die Brücken, die romanischen Kirchen und immer wieder der Dom, der das Kölner Stadtbild beherrscht.

Auch von meiner Dachwohnung sah ich zum Norden hin den mächtigsten Kirchenbau der deutschen Hochgotik. Ich machte die Heizung an, ließ Badewasser ein und schaute währenddessen die Post durch. Reklame, Rechnungen und Mahnungen. Aber auch Lichtblicke. Briefe von Freunden, die auf Reisen waren und ein Päckchen von meiner Schwester.

Mit einer Zeitung stieg ich in die Badewanne. Doch mir war nicht nach Lesen zumute. Ich stand noch zu sehr unter dem Eindruck der Reise. Durch das Badezimmerfenster betrachtete ich den grauen Märzhimmel. Es war erstaunlich, wie man innerhalb eines halben Tages in eine andere Welt katapultiert werden konnte.

Seit vielen Jahren lebte ich als Grenzgänger zwischen Europa und Afrika. So wie ich bei meiner Abreise aus der europäischen Welt gerissen wurde, so schnell tauchte ich in den afrikanischen Kontinent ein. Und wenn ich nach vielen Wochen meine Koffer packte, Afrika am Horizont verschwinden sah und europäischen Boden betrat, tauchte ich genauso schnell wieder in die Kultur des Abendlandes ein. Diese Reisen waren jedes Mal ein Wechselbad der Gefühle.

In der Nacht wachte ich mit Kopfschmerzen und Schüttelfrost auf. Mein Körper war klatschnass. Ich trank Wasser und stand auf, um das durchgeschwitzte Bettzeug und den Pyjama zu wechseln. Aber ich schaffte es nicht. In meiner Lethargie fiel ich wieder ins Bett.

Mit Gliederschmerzen wachte ich am nächsten Morgen auf. Das Fieber hatte nachgelassen. Ich schleppte mich ins Badezimmer. Im Spiegel sah ich ein blasses Gesicht und rotunterlaufene Augen. Was war mit mir los? Ich duschte, zog mich an und kaufte in der Apotheke ein Thermometer

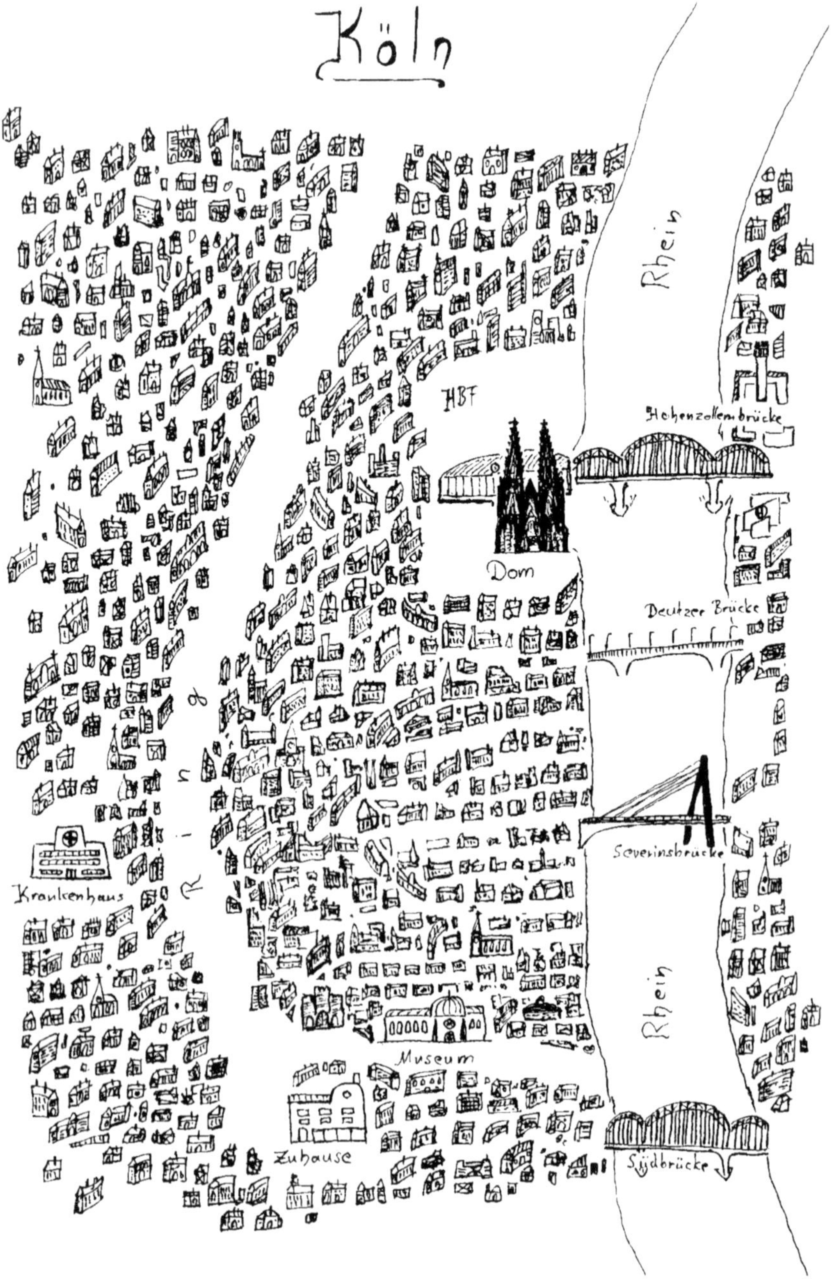
Köln
HBF
Dom
Hohenzollernbrücke
Deutzer Brücke
Severinsbrücke
Rhein
Rhein
Krankenhaus
Museum
Zuhause
Südbrücke

und Aspirin. Nur mit Mühe kam ich die Treppen zu meiner Wohnung wieder hoch. Ohne mich auszuziehen, ließ ich mich aufs Bett fallen.

Schweißgebadet wachte ich am späten Abend auf. Die Klamotten klebten an der Haut. Ich trank Wasser und glitt mit der Zunge über die ausgetrockneten Lippen. Der Puls hämmerte in meinem Kopf. Ich griff nach dem Thermometer und steckte es unter die Zunge: 39,1 Grad Fieber nach Tropenaufenthalt! Ich packte meine Sachen und fuhr mit dem Taxi ins Krankenhaus. Mit Verdacht auf Malaria meldete ich mich in der Notaufnahme.

Die klinische Untersuchung war ohne Befund. Auch kein Fieber mehr. Eine halbe Stunde später teilte mir der junge Assistenzarzt die ersten Laborergebnisse mit. Der Malaria-Blutausstrich war soweit negativ. »Allerdings«, sagte er mit runzelnder Stirn, »sind Ihre Thrombozyten, die für die Gerinnung des Blutes unentbehrlich sind, ziemlich im Keller.«

»Wie niedrig?«

»Sie liegen bei 90.000. Ich halte es für besser, wenn wir Sie zur weiteren Beobachtung hier behalten. Ich rufe mal auf der Inneren an, ob die noch ein Bett frei haben.«

Ich nickte.

Hoffentlich nur ein unbedeutender Zufallsbefund mit den Thrombozyten, dachte ich bei mir, als ich mit dem Fahrstuhl in den sechsten Stock fuhr. Nach der Röntgenaufnahme des Brustkorbs und der Oberbauch-Ultraschalluntersuchung, beides ohne Befund, schleppte ich mich auf mein Zimmer. Der Stationsarzt stellte mir dieselben Fragen wie auf der Notaufnahme. Anschließend sagte er: »Wenn das Fieber in der Nacht wieder ansteigt, machen wir eine Blutkultur und nochmals einen Malaria-Ausstrich. Und trinken Sie viel.«

In meinem benebelten Zustand hatte ich seine letzten Worte kaum wahrgenommen. Wie durch eine milchige Glaswand betrachtete ich den Arzt, als er mir die Hand reichte und das Zimmer verließ.

Ich raffte mich auf, legte mehrere Handtücher aufs Bettlaken und stellte drei Liter Wasser auf den Nachttisch. Ich war auf die Fieberschübe vorbereitet. Und sie begannen heimtückisch und gewaltig. Mit Gänsehaut und Schüttelfrost. Ich fror und holte eine zweite Decke aus dem Schrank. Kurze Zeit später lag sie auf dem Boden. Die Hitze wurde unerträglich. Der Schweiß strömte aus den Poren und durchtränkte Pyjama und Bett. Mein Körper schrie nach Befreiung. Er drängte aus seiner Haut. Mich plagten Kopf- und Gliederschmerzen, Benommenheit und Lethargie. Meiner Kräfte beraubt und in der schrecklichen Erwartung, bald wieder in Flammen zu stehen.

Nachdem mir der Arzt Blut abgenommen und zwei Paracetamol gegeben hatte, schlief ich ein und träumte von Mali.

Ich stand wieder am Fluss und wartete auf die tierische Begegnung. In der einbrechenden Dämmerung kam sie langsam aus dem Wasser. Ihre funkelnden Augen waren gespenstisch. Sie hockte mit angespannten Muskeln am Ufer wie eine Katze vor einem weiten Sprung. Ich schrie in die afrikanische Nacht hinein, als die barbarische Hyäne über mich herfiel.

»Herr Schaefer, Herr Schaefer, was ist los? Beruhigen Sie sich!« Ich krallte meine Hände in den Oberarm eines Krankenpflegers.

Der Stationsarzt sah müde aus, als er am nächsten Morgen mit einer Krankenschwester das Zimmer betrat.

»Ich mache mir um Ihre Thrombozyten Sorgen. Sie sind weiter gefallen, auf 59.000. Außerdem sind die Leberwerte gestiegen. Haben Sie vielleicht eine Ahnung, woran es liegen könnte?«

Etwas zögerlich sagte ich: »Wahrscheinlich eine virale Infektion, und immer wieder Malaria.«

Stunden später war der Stationsarzt wieder in meinem Zimmer und nahm Blut ab.

»Ich habe mit dem Oberarzt gesprochen. Wir werden nochmals einen Malariaausstrich machen und die gesamte Palette der viralen Diagnostik durchgehen. Auf einige Ergebnisse müssen wir allerdings länger warten, da die Proben an das Tropeninstitut geschickt werden.«

Als er die Handschuhe ausgezogen hatte, bat er mich, ein Formular auszufüllen. Er wollte das Einverständnis für einen HIV-Test. Ich zögerte. Befürchtungen über meinen HIV-Status kamen wieder hoch. Doch dann setzte ich meinen Namen unter das Formular.

Als der Arzt das Zimmer verlassen hatte, drehte ich meinen Kopf ins Kissen und weinte. Ich war verzweifelt. Was würde passieren, wenn der Test positiv ist? Nach meiner Rückkehr aus Afrika wollte ich sowieso bei meinem Hausarzt einen HIV-Test machen lassen. Zu ihm hatte ich Vertrauen. Aber hier im Krankenhaus, wo ich die Ärzte und

Krankenschwestern nicht kannte? Wahrscheinlich würde sich das Ergebnis wie ein Lauffeuer über die Station ausbreiten. In meinem Wahn stellte ich mich vor den Spiegel im Badezimmer und schaute mich an. Ich sah ein blasses, unrasiertes Gesicht. Die Lippen waren spröde und trocken. Ich streckte die Zunge heraus und suchte nach Veränderungen auf der Mundschleimhaut. Sie war gerötet, aber sonst unauffällig. Ich betastete die Lymphknoten am Unterkiefer und im Nacken. Keine Vergrößerung. Auch die Lymphknoten in den Achselhöhlen und den Leisten waren nicht dicker als sonst.

Ich legte mich wieder ins Bett und schaute aus dem Fenster in den trüben Tag. Auf irgendeine Weise musste ich mich ablenken. Ich rief eine Freundin an.

Drei Stunden später erschien Anja mit einem Strauß Blumen und einem Geschenk unter dem Arm.

»Eigentlich wollte ich dir ein Buch über Mauersegler mitbringen. Aber so was hatten sie nicht im Buchladen. Ob sie denn was über das Fliegen und Afrika hätten? Da gaben sie mir das da.«

Sie roch nach herbem Parfüm, als Sie es mir in die Hände legte. Ich gab ihr einen Kuss und schaute in ihr junges Gesicht. Sie war das blühende Leben. Volle Lippen, rote Wangen, schulterlanges, blondes Haar. Sie kam aus einer anderen Welt.

Und meine Welt? Das Leben im Krankenhaus erfüllte mich mit Tristesse. Krankheit, modriger Geruch, Kantinenessen. Das Zimmer kalt und steril. Die Wände und der Einbauschrank in Weiß. Der Boden mit aschfarbenen Plastikfliesen ausgelegt. Man konnte nicht einmal die Fenster öffnen. Dafür ratterte eine Klimaanlage.

Ich packte ihr Geschenk aus. Es war das Buch »Wind, Sand und Sterne« von Saint-Exupéry.

Anja setzte sich an meinen Bettrand und sagte: »Er war Schriftsteller und Pilot. Beides war ihm wichtig als Dienst am Menschen. In diesem Buch schreibt er von seinen abenteuerlichen Flugerlebnissen über Nordafrika. Kannst du denn lesen? Du siehst sehr krank aus.«

»Na klar kann ich lesen. Ich muss mich irgendwie ablenken. Bisher haben sie nichts gefunden. Malaria ist es anscheinend nicht.«

Anja blieb noch eine halbe Stunde und musste dann das Zimmer verlassen. Der Oberarzt wollte mich sprechen. Er war groß und hager. Um die 50 Jahre alt, mit schütterem Haar und schwarzem Oberlippenbart. Er reichte mir die Hand und sagte mit besorgter Miene: »Ihre Thrombozyten sind im freien Fall. Sie liegen jetzt bei 38.000. Ich möchte Ihren Zustand nicht dramatisieren, aber neben einer infektiösen Genese sollten wir auch an eine hämatologische Systemerkrankung denken. Deshalb möchte ich bei Ihnen morgen Früh eine Knochenmarkspunktion durchführen.«

Ich schaute den Oberarzt verwundert an. Mein Fall wurde immer mysteriöser. Eine Knochenmarkspunktion! Leukämieverdacht! Eine Kaskade von Befürchtungen strömte durch meinen Kopf. Ich hatte mich auf eine Infektion eingestellt, die ich mir in Afrika eingefangen hatte. Aber Leukämie! Heimtückische Prozesse spielten sich in meinem Körper ab. Wer verdammt noch mal zerstörte meine Thrombozyten? Ohnmächtig musste ich mit ansehen, wie sie täglich weniger wurden. Außerdem hatte ich in den letzten Tagen über drei Kilo abgenommen. Mit Wut im Bauch fing ich an, mir Mut zuzusprechen: »Ich ziehe die Notbremse. Wer auch immer du bist, du Schweinehund! Ich sage dir hiermit den Kampf an. Das ist eine Kriegserklärung.«

Wieder bereitete ich mich auf eine heiße Nacht vor. Meine Vorkehrungen wurden zu einem allabendlichen Ritual: Auf meinem Nachttisch drei Liter Wasser, eine zweite Pyjama-Garnitur zum Wechseln und zwei Paracetamol. Bettlaken und Kissen bedeckte ich wie immer mit Handtüchern.

Ich war bereit für das lodernde Flammenmeer. Es kann kommen, und ich werde es überleben. »Ihr heimtückischen Parasiten, oder was immer ihr seid! Elendes Gewürm und Abschaum teuflischer Brut!«

Trotz meiner Verfluchungen und Kampfansagen schlugen sie in dieser Nacht wieder zu. Sie heizten meinen Körper auf über 40 Grad und wüteten wie auf einem Schlachtfeld. Mein Körper zitterte. In meinem Kopf hämmerte der Puls.

Am frühen Morgen, noch vor der Visite, kam der Oberarzt in mein Zimmer und sagte: »Die Thrombozyten sind auf 29.000 gesunken. Ihre sonstigen Werte sind noch im Normbereich, sodass wir ohne größeres Risiko eine Knochenmarkspunktion machen können.«

Im Türeingang gab er den Krankenschwestern Anweisungen, die nötigen Vorbereitungen zu treffen.

Viel tiefer konnte ich nicht mehr fallen. Ich wollte keine Laborwerte mehr hören. Denn jedes weitere Ergebnis war noch schlechter als das vorherige. Nicht ein Hoffnungsschimmer. Immer tiefer fielen die Thrombozyten in den Keller. Bisher gab es keine Anzeichen von inneren und äußeren Blutungen. Aber wie lange noch?

Ich spürte schraubende Bewegungen in der Tiefe meines Körpers, aber keinen Schmerz. Man hatte mir unter Lokalanästhesie Knochenmark aus dem Beckenkamm gestanzt.

Ich wartete:

Auf den HIV-Test!

Auf die Ergebnisse aus dem Tropeninstitut!

Auf den Knochenmarksbefund!

Auf die Thrombozytenwerte!

Die innere Uhr tickte.

In meiner Unruhe versuchte ich ein paar Zeilen aus dem Buch »Wind, Sand und Sterne« zu lesen. Saint-Exupérys Erlebnisse führten mich in die Weite der afrikanischen Wüste. Nach einem Flugzeugabsturz in der Sahara war er an einem Punkt angelangt, an dem er den Tod vor Augen hatte. Sein Wasservorrat war verbraucht. In den Stunden der Verzweiflung lässt er sein Leben Revue passieren. Wie froh war Exupéry gewesen, das in seinen Augen menschenunwürdige Dasein in den Städten hinter sich gelassen und die Freiheit in den Wolken und Sternen gesucht zu haben. Er hatte nichts bereut. Er hatte gespielt und verloren. Es kam ihm nie auf den Erfolg oder die Niederlage an, sondern auf den Versuch. Konsequent und kompromisslos hielt er an dem fest, was ihm im Leben am wichtigsten war: Fliegen und Schreiben. Auf beiden Gebieten konnte er sich über die irdischen Dinge erheben.

Was ich in Afrika erfahren hatte, konnte mir keiner mehr nehmen. Wenn ich hier lebend herauskommen sollte, würde ich wieder so leben und handeln. Afrika war ein Teil meines Lebens. Das aufzugeben bedeutete, einen Teil in mir sterben zu lassen.

Der nächste Tag plätscherte vor sich hin. Niemand kam in mein Zimmer, um mich von der Warterei zu erlösen. Gab es geheime Absprachen, um mir die Befunde vorzuenthalten? Ich konnte nichts anderes tun als mich abzulenken. Ich las bis in die späte Nacht hinein und traf dann die allabendlichen Vorkehrungen für die Fieberschübe. Aber dieses Mal kam alles anders. Das nächtliche Flammenmeer blieb aus. Trotzdem wachte ich mehrmals auf und schnappte nach Luft. Meine Nasenlöcher waren mit blutigem Schleim verstopft. Ich putzte die Nase und versuchte, durch den Mund zu atmen. Außerdem legte ich ein feuchtes Tuch übers Gesicht, damit die Schleimhäute nicht so schnell austrockneten. Kurze Zeit später schlug ich die Decke nach vorn und kratzte mich an den Beinen und Armen. Sie juckten. Im Licht sah ich kleine rote Pickel. Woher der Ausschlag? Zeigte die Krankheit erst jetzt ihr wahres Gesicht? An Schlaf war nicht mehr zu denken.

Am nächsten Morgen kam der Chefarzt. In seinem Gefolge der Oberarzt, der Stationsarzt und zwei Krankenschwestern. Ich berichtete ihnen von den Ereignissen der letzten Nacht. Dann nahm der Chefarzt das Wort. Er war ein großgewachsener Mann mit grauen Schläfen und schütterem Haar. Er blickte über seine schwarze Brille hinweg und sagte: »Ihr Krankheitsbild spricht ja eher für eine infektiöse Genese. Erfreulich ist, dass Sie kein Fieber mehr haben. Darüber hinaus sind die Thrombozyten von 29.000 auf 55.000 gestiegen. Und die Leberwerte normalisieren sich auch. Das steht erst einmal auf Ihrer Habenseite. Am Nachmittag bekommen wir die restlichen Ergebnisse. Es würde mich aber nicht wundern, wenn wir am Ende keine Diagnose stellen. Sie wissen ja selbst, dass man bei der Hälfte aller Tropenrückkehrer mit Fieber keinen Erreger findet.«

Ich nickte. In Gedanken war ich bei den Laborergebnissen, die man mir später mitteilen wollte. Ich fühlte mich wie ein Gefangener, der am Nachmittag zum Galgen gebracht wird. Die Hinrichtung findet auf dem mittelalterlichen Marktplatz statt. Der Henker bahnt mir einen Weg durch die Menschenmassen. Der grölende Mob flucht und spuckt mich an. Ich traue mich kaum, in ihre grotesken Fratzen zu schauen. Als ich die letzten Stufen erklimme, ist es fast wie eine Erlösung.

»Herr Schaefer, sie wirken so abwesend, ist alles in Ordnung?«, fragte mich der Chefarzt.

»Ja, ja, ich war nur kurz in Gedanken.«

Nach der Visite starrte ich in die Wolken. Ich war froh, dass ich in meinem Leben darauf zugegangen bin, wonach meine Seele schreit. Wenn auch mit Verzögerung. Ganz tief im Inneren, glaube ich, wissen wir alle, wer wir sind und was wir wollen. Wir müssen nur der inneren Stimme Gehör verschaffen. Manchmal stelle ich mir jeden von uns wie einen großen Filmprojektor vor. Der Motor ist unser Körper, die Linse unsere Augen, und die Bilder, die wir vor uns projizieren, sind unsere Träume und Sehnsüchte. Bei jedem Menschen läuft der Filmprojektor. Die wenigsten spielen ihren Film allerdings mit gleichmäßiger Stromspannung ab. Diese Menschen sehen ihre Bilder in Farbe und mit Ton und verwirklichen mit Willenskraft und positiver Einstellung die meisten ihrer Wünsche. Manchmal kommt es auch zu Filmrissen. Sie wissen sich aber zu helfen. Die meisten Menschen aber spielen ihren Film mit einer unregelmäßigen Stromspannung ab. Ihre Visionen und Träume sind verzerrt und unscharf, die Kontraste ohne Tiefe, und der Ton hinkt hinterher oder rast den Bildern davon. Die häufigen Filmrisse sind abrupt und schwer zu reparieren. Diese Menschen können überspannt, leicht erregt oder von einem Wahn besessen sein. Sie können aber auch in einem dumpfen Dasein weiterleben. Vielleicht noch nicht einmal unglücklich, weil sie nicht mehr fühlen, dass sie Träume haben.

Einige – und zu denen zähle ich mich – spielen den Film mit zunehmendem Alter regelmäßiger ab. Die Nebel lichten sich, und man sieht, wie sich das Unbewusste ins Bewusstsein drängt und gelebt werden will.

Bei meinen Gedankenspielen war die Zeit vergangen. Der Tag neigte sich dem Abend zu. Ich schaute auf die Uhr. Warum hatte man mich noch nicht über die Laborwerte informiert? Traute sich niemand, mir das Ergebnis des HIV-Tests zu sagen? Und was war mit meinem Knochenmarksbefund? Verdammt noch mal, erlöst mich denn keiner von der elenden Qual. Meine Geduld war am Ende.

Draußen wurde es schon dunkel. Plötzlich ging die Tür auf. Es war der Stationsarzt. Er sah abgespannt aus. Die Anstrengungen des Krankenhausalltages standen ihm ins Gesicht geschrieben. »Fast hätte ich Sie vergessen. Wir tappen weiter im Dunkeln. Alle bisherigen Ergebnisse sind negativ. Sowohl die Knochenmarksbiopsie als auch die anderen Laborwerte, soweit wir sie hier im Haus machen konnten.«

»Und der HIV-Test?«, fragte ich neugierig.

Der Stationsarzt blätterte in der Krankenakte. Mit dem rechten Zeigefinger glitt er eine Seite hinab und richtete seinen Blick auf mich. Ich fuchtelte mit zitternden Händen unter der Decke.

»Hier steht es. Ich kann nur das bestätigen, was ich eben sagte. Sowohl der HIV-1- als auch HIV-2-Test sind negativ. Und eine weitere freudige Mitteilung. Die Thrombozyten sind auf über 65.000 gestiegen. Sie scheinen über den Berg zu sein. Wahrscheinlich war es eine der vielen afrikanischen Infektionen, von denen man noch nichts weiß. Warten wir noch die Laborwerte aus dem Tropeninstitut ab.« Dann reichte er mir die Hand und wünschte eine gute Nacht.

Der Kampf schien gewonnen. Was auch immer ich hatte, mein Körper hatte sich gewehrt. Der später eintreffende Befund aus dem Tropeninstitut ergab das Vorliegen einer Dengue-Fiebererkrankung. Diese virale Infektion hatte ich mir sehr wahrscheinlich über einen Mückenstich in Westafrika zugezogen. Zwei Tage später wurde ich aus dem Krankenhaus entlassen.

Die Krankheit hatte mich sichtlich geschwächt. Wie ein Großvater kroch ich durch das Treppenhaus zu meiner Dachterrassenwohnung. Aber ich war endlich wieder zu Hause.

Es dauerte mehrere Monate, bis ich wieder zu Form auflief. Während der Genesung beschäftigte ich mich mit der durchgemachten »Initiationskrankheit«, in der sich etwas Neues aus meiner Persönlichkeit herauszuschälen schien. Vor allem Demut vor dem Leben und ein immenser Respekt vor Viren, die den menschlichen Organismus innerhalb kürzester Zeit zugrunde richten konnten.

In den ersten Wochen hielt ich mich fast ausschließlich in der Wohnung auf. Des Öfteren saß ich nachmittags mit einer dicken Jacke auf der Dachterrasse und schaute der untergehenden Aprilsonne zu, wie sie als kleiner roter Ball zwischen den Schornsteinen der Gas- und Elektrizitätswerke im Westen verschwand.

Es lag mir immer viel daran, über den Dächern zu wohnen. Wahrscheinlich war es die weite Rundsicht und Nähe zu den Wolken und Vögeln. Wie ein Adler aus luftiger Höhe sein Revier absteckt, so konnte auch ich aus einer kontrollierten Distanz meine Umgebung beobachten.

Die Dachwohnung hatte noch einen anderen Vorteil. Es war ein ungestörter Ort, an dem ich in Ruhe schreiben und zwischendurch meine Seele baumeln lassen konnte. Auf der anderen Seite fehlte mir unterm Dach die Bodenhaftung. Dort herrschte ein anderes Magnetfeld als auf dem Erdboden. Ich sehnte mich deshalb mit den Jahren immer mehr nach Erdung und der Möglichkeit, wie ein Gärtner in der Natur zu arbeiten.

An diesem Morgen saß ich auf meiner Küchenbank und schaute dem Tag zu, wie er langsam durch die Nacht brach. Ich blickte über die Terrasse auf die umliegenden Dächer der Kölner Südstadt. Über den Antennen und Schornsteinen schien der Himmel zum Greifen nahe. Zwischen den Wolken erblickte ich den ersten Mauersegler. Nein, es waren zwei. Meine »Kameraden« waren wieder da! Es war Anfang Mai.

In Europa heißt der Hauptvertreter der Mauersegler mit lateinischem Namen *Apus apus,* übersetzt »der Fußlose«. Er ist dem Erdboden abtrünnig geworden und findet sein Dasein fast ausschließlich in der Luft. Die Füße der Segler sind klein und taugen kaum zum Laufen, sehr wohl aber zum Anklammern an steile Mauern. Ursprünglich war der Mauersegler ein Fels- und Baumbrüter. Er hat sich aber weitgehend dem Menschen angeschlossen und ist hauptsächlich in Dörfern und Städten zu sehen.

Eine Augenweide sind die Verfolgungsjagden, wenn sich das Weibchen mit hochgestellten Flügeln fallen lässt, der Verfolger mit wilden Rufen nacheilt, die Einladung zum Liebesspiel versteht und sich zwischen die sensenförmigen Flügel setzt. Dabei fallen beide weiter im Luftraum. Plötzlich jagt das Weibchen mit weit ausholenden Flügelschlägen davon und verschwindet im Mauerwerk des gegenüberliegenden Altbaus. Ist ihr Nest vom letzten Jahr noch vorhanden, benutzen sie es wieder. Oft genug kommt es aber vor, dass ihr Nistplatz aus dem Vorjahr vom Sperling oder Star besetzt ist. Dann werden diese Vögel vertrieben, ihre Eier aus dem Nest gerollt oder einfach Hälmchen darübergelegt, bis eine neue Nestmulde entstanden ist. Da hinein werden später ihre Eier gelegt, ausgebrütet und die Jungen aufgezogen. Die fremden Eier sind unterdessen abgestorben. Der üble Geruch scheint die Segler nicht zu stören. Rabiat und makaber. Aber dies ist ihr Platz.

Von nun an verfolgte ich jeden Tag das Treiben des Mauerseglerpärchens. Oft sah ich sie mit Strohhalmen in die kleine Mauerspalte im gegenüberliegenden Altbau hineinfliegen. Sie hatten also Quartier bezogen und sollten für die kommenden Monate meine Nachbarn sein.

Mitte Mai traf ich mich mit dem Museumsdirektor in Köln. Er war großgewachsen, schlank und sportlich. Gelegentlich joggten wir am Rhein. Wir kannten uns gut. In den letzten Jahren hatte ich an seinem Museum zwei Ausstellungen über zeitgenössische afrikanische Kunst durchgeführt. Er hatte mit seiner Familie mehrere Jahre in Burkina Faso gelebt und wunderte sich nicht darüber, was sich auf meiner Reise durch Westafrika zugetragen hatte.

Er sagte: »Im Hinblick auf die AIDS-Ausstellung ist es nur gut, dass du mit der Recherche nicht vorangekommen bist.«

»Warum?«

»Weil die versprochenen Gelder von der Stadt nicht bewilligt worden sind. Ich gebe trotzdem die Hoffnung nicht auf. Ich halte es für ratsam, wenn du in den kommenden Wochen ein Exposé für die Ausstellung ausarbeitest.«

»Wie meinst du das?«

»Entwirf ein Ausstellungskonzept. Das Exposé reichen wir dann bei der Stadt und anderen Sponsoren ein.«

Am nächsten Tag unterschrieb ich im Museum einen Werkvertrag und zog mich in meine Wohnung zurück.

Die Thematik der Ausstellung war für mich an Brisanz und Aktualität kaum zu überbieten. Hier verschmolzen meine medizinischen Kenntnisse mit den Erfahrungen aus der zeitgenössischen afrikanischen Kunst. Aber nicht nur das. Ich hatte bis vor Kurzem ja am eigenen Leib erfahren, wie grauenhaft die Vorstellung sein kann, mit HIV infiziert zu sein.

Ich begann noch am selben Tag meine Internet-Recherche über HIV/AIDS in Afrika. Die neusten Daten waren so erschütternd, dass die Vereinten Nationen erstmals zu diesem Thema eine Sondergeneralversammlung angeordnet hatten. Denn die AIDS-Epidemie bedrohte die Sicherheit, den Frieden und die Entwicklung auf dem afrikanischen Kontinent, vor allem in Ländern südlich der Sahara. Aus vielerlei Gründen wurde die Tragödie für lange Zeit in Afrika ignoriert. Allerdings stellte die zeitgenössische afrikanische Kunst nach 1980 mit Bekanntwerden der ersten AIDS-Fälle einen der wenigen legitimierten Freiräume in Afrika dar, in denen individuelle, aber auch gesellschaftliche Erfahrungen zu dieser Krankheit zum Ausdruck gebracht werden konnten.

Die Ansätze der Kunst waren so facettenreich wie die Krankheit selbst. Zum einen nutzten die Künstler ihre Werke als Kommunikationsmittel in der AIDS-Prävention. Andererseits spiegelten sich in ihrer Kunst Mythen, Traditionen und Widerstände, die den Kampf gegen AIDS belasteten. Aber noch ergreifender waren die Emotionen der Künstler. Was bewegte sie im Spannungsfeld zwischen Sexualität, Krankheit und Tod? Angst und Schrecken, Hoffnung und Zuversicht, ja manchmal auch Witz und Ironie, doch vor allem eine lähmende Ohnmacht und Verzweiflung.

Als ich diese Zeilen niederschrieb, nahm in meinem Kopf das Konzept der Ausstellung Gestalt an. Ich blätterte Kataloge, Bücher und Zeitschriften durch, machte Kopien von interessanten Objekten und legte sie in einer thematischen Reihenfolge nebeneinander.

»Sexualität und Tod« sollte der Titel und gestalterischer Leitfaden der Ausstellung werden. Dabei würden die Ursachen und Konsequenzen von AIDS im Zentrum des Geschehens stehen. Sexualität – Infektion – Krankheit – Tod, ein Ablauf, der auch räumlich umgesetzt werden sollte. In meiner Vorstellung tauchte ich in den inszenierten Ausstellungsraum ein und malte mir den Rundgang aus. Am Anfang sollten Lust und Laster die zentralen Themen sein. Erotische Bilder führen dem Betrachter die Begierde als Jagd nach schnellem Sex vor, die das Leben in den afrikanischen Großstädten inzwischen ebenso bestimmt wie die zunehmende Prostitution. Ich dachte an die Holzskulptur eines Künstlers aus Zimbabwe, die die Besucher in ihren Bann ziehen würde. Auf dem überlangen, erigierten Penis eines afrikanischen Mannes sind seine Frauen und Freundinnen aufgereiht, wie Hühner auf der Stange. Nach weiteren erotischen Exponaten würden die Besucher einen Wendepunkt auf ihrer Reise durch die Ausstellung erleben. Die atmosphärische Inszenierung des Rundgangs wird düsterer, der Übergang von Licht und Schatten spürbar. Das Spiel mit Lust und Liebe fordert seinen Tribut. Aus den Infizierten werden Erkrankte. Und die Krankheit fordert ihre Opfer.

Als ich die letzten Sätze geschrieben hatte, dachte ich unweigerlich an meine damaligen Bettnachbarn im Krankenhaus von Mopti. Ich musste an die frische Luft. Neue Inspirationen tanken und mich mit schönen Dingen umgeben. Ich ließ meinen Füller fallen und entschloss mich, durch die Kölner Innenstadt zu schlendern.

Es war ein lauer Frühlingstag. Die Mauersegler drehten ihre Runden. Klare Luft füllte meine Lungen. Der erste größere Spaziergang nach meiner Krankheit. Ich war darauf aus, meine Seele baumeln zu lassen. Am Neumarkt blieb ich vor einer Litfassäule stehen. Auf einem Plakat sah ich schwarze Strichmännchen und Tiere auf weißem Untergrund, mit Bleistift gemalt. Darunter las ich: »Deep Blues: Hommage an Bill Traylor. Ludwig Museum, Köln.«

Ich schaute ein zweites Mal auf die kindlichen Zeichnungen und war erstaunt, dass diesem Künstler eine Einzelausstellung im bedeutendsten Museum für moderne Kunst in Köln gewidmet wurde. Etwas Sonderbares regte sich in mir. Der Kitzel einer neuen Entdeckung. Ich entschloss mich, die Ausstellung zu besuchen.

Nachdem ich eine Karte an der Museumskasse gelöst hatte, wanderte ich an Gemälden und Skulpturen von Picasso und Max Ernst vorbei, bis ich einen Raum betrat, der ganz dem Werk von Traylor gewidmet war. Auf alten Pappkartons und vergilbtem Papier sah ich Bleistiftzeichnungen von einer Ursprünglichkeit, wie ich sie vorher nur bei Kindern und von Höhlenzeichnungen aus Afrika und Europa kannte: Hunde, Katzen, Hähne und Schlangen schwebten wie Schatten vor unartikulierten Hintergründen. Die Augen der Tiere, die Traylor als weiße Kreise mit einem schwarzen Punkt in der Mitte gemalt hatte, erinnerten an Blicke afrikanischer Masken und Plastiken. Sah man nicht auch in seinen Zeichnungen Symboltiere afrikanischer Kulturen? Hähne als Opfertiere, Katzen im Raubtierkleid als Löwen.

Ich fragte einen Herrn vom Aufsichtspersonal, ob er etwas über den Künstler wisse. Der alte Mann mit grauem Haar und Hornbrille antwortete: »Ich weiß nicht viel über ihn. Angeblich war er Amerikaner, ein Schwarzer aus Alabama. Er hat mit 85 Jahren angefangen zu zeichnen, auf Kartonabfällen.«

Ich schaute auf seine runzelige Stirn.

»Das klingt ja mysteriös. Gibt es denn keine weiteren Informationen über ihn?«

»Doch, doch, im Nebenraum hängt eine Informationstafel mit seiner Biografie.«

Mich hat das Leben der Künstler schon immer genauso interessiert wie ihre Werke. Die grundsätzliche Frage lautet: Was bewegt die Künstler, diese Kunst zu machen? Worin liegt ihre beseelte Kraft? Wo fühlen sie ihre Wunden? Denn dort, wo die seelische Wunde am größten ist, offenbart sich die Genialität eines jeden Menschen. Man muss den Schmerz dieser Wunde nur spüren.

Ich begab mich in den Nebenraum und las den Text auf der Informationstafel. Angeblich war seine Malerei innerhalb der amerikanischen Kunst ohne Vorbild und auch ohne Nachfolge geblieben. Im Kongo hatte allerdings um 1925 ein Künstler namens Djilatendo Zeichnungen geschaffen, die denjenigen von Traylor erstaunlich verwandt waren. Soweit man wusste, haben sich die Künstler nie kennen gelernt, und Traylor hatte nie Afrika bereist. Man ging auch auf die Analogie zwischen der Blues-Musik und Traylors autodidaktischer Malkunst ein. Anscheinend war ihm etwas gelungen, was viele schwarze amerikanische Künstler in der Musik vollbracht hatten, aber nur wenige in der bildenden Kunst. Er war zu seinen angeborenen afrikanischen Traditionen zurückgekehrt.

Ich schaute mir noch einmal die verspielten Zeichnungen von Traylor im Eingangsbereich an. Warum fängt ein 85-jähriger Mann an, seine Erfahrungen und Träume zu visualisieren?

Henry Miller hat einmal gesagt: *»Das Wichtigste im Alter ist, den Mut zu entwickeln, das zu tun, was Kinder taten, als sie noch nichts wussten.«*

Als Kinder sind wir alle naturhaft und schöpferisch, das heißt, wir handeln ausschließlich aufgrund von inneren Impulsen, unabhängig von moralischen Rücksichten. Mit dem kindlichen Risiko und der Neugierde entdecken wir neue Bereiche und können uns an dem Unbekannten begeistern. Mit dem Alter wird uns bewusster, dass mit jedem neuen Tag unsere körperlichen und geistigen Kräfte nachlassen und damit auch die Möglichkeiten schwinden, die wir in der Jugend gehabt haben.

Traylor ist im Alter nicht nur Kind geworden. Er ist viel weiter zurückgegangen. Über die Verbundenheit zu sich und der Welt hat er wieder Kontakt zu seinen Vorfahren aufgenommen. Er war auf spiritueller Ebene in Afrika angekommen und hat den Bogen zu seiner Vergangenheit geschlossen.

Am nächsten Morgen saß ich wieder am Schreibtisch. Ich brauchte einige Minuten, um mich in den Rundgang der Ausstellung hineinzuversetzen. Den nächsten Blickfang soll das Gemälde eines kongolesischen Künstlers darstellen. Ohnmächtig stehen weinende Familienangehörige um das Bett einer im Sterben liegenden, schwangeren Frau. Wo ist ihr Ehemann? Ist er schon an AIDS gestorben? Und sind die beiden weinenden Kinder von ihr? Der am Krankenbett stehende Arzt schaut in die Augen des Betrachters, sein Blick fast gleichgültig, als ob er sagen wolle: »Schaut her, es ist egal, was wir hier tun, sie wird sowieso sterben.« Die Tragödie nimmt ihren Lauf. Die Besucher können sich nicht mehr der grausamen Realität entziehen. Ausgemergelte Gesichter mit leerem Blick spiegeln in einem Gemälde das Siechtum der unheilbar Kranken wider. Der afrikanische Tod trägt eine neue Maske, die des furchterregenden Monsters AIDS. Kurz vor dem Ausgang nimmt die Beleuchtung wieder zu. Sehen die Besucher Licht am Ende des Tunnels?

Als Kontrapunkt soll zu den vorherigen apokalyptischen Werken am Ende des Rundganges die Installation eines Künstlers aus Namibia stehen. Für ihn ist die AIDS-Epidemie eine der größten Herausforderungen unserer Zeit, sich für eine positive Lebenseinstellung und gegen Fatalismus zu engagieren. Er teilt nicht die traurige Sichtweise pathetischer Moralisten, für die AIDS eine göttliche Strafe als Folge sittlichen Verfalls und sexueller Freizügigkeit darstellt. Er genießt weiterhin mit Menschen die Momente, die das Leben so wertvoll machen.

Was für einen Spannungsbogen hatte dieses Ausstellungskonzept angenommen! Hoffnung und Leid, Leben und Tod. Die Polaritäten des menschlichen Daseins waren hier vereint. Ich druckte den Text samt farbiger Abbildungen aus und brachte das gebundene Exposé noch am selben Tag ins Museum.

Am nächsten Morgen weckte mich ein Telefonanruf. Im ersten Moment wusste ich nicht, mit wem ich sprach. Doch dann erkannte ich Sven

Swift an seinem englischen Akzent. Vor vier Jahren hatten wir uns auf der Kunst-Biennale in Dakar kennen gelernt und anschließend den Senegal bereist.

»Kay, ich bin in Köln am Dom. Als ich in meinem alten Adressbüchlein deine ...«

»Großartig, komm vorbei.«

Sven war unverändert. Er führte das Leben eines ungebundenen Junggesellen. Sein gebräuntes Gesicht schaute unter blonden Haaren hervor. Er trug ein schwarzes T-Shirt und beigefarbene, ausgefranste Bermuda-Shorts. Auf den Schultern lastete seine ganze Habe. Ein großer Lederrucksack, an dem seine Wanderschuhe baumelten.

»Good old Sven, back on track.«

»Well Kay, I have never been off the beaten track.«

Während ich ihn unter die Dusche schickte, versuchte ich mich an einem englischen Frühstück: Orangensaft und Kaffee, Cornflakes mit heißer Milch, Rührei mit Schinken, Toast und Marmelade.

Sven war »freier« Journalist. Wenn er auf seinen Entdeckungen Geld brauchte, schrieb er für renommierte englische und amerikanische Zeitungen Reiseberichte. Vor vielen Jahren hatte er London den Rücken gekehrt und lebte seitdem »on the road«. Mit fast 50 schien er das Vagabundenleben noch immer nicht müde geworden zu sein. Im Gegenteil.

Über den Frühstückstisch gebeugt, sagte er: »Ich weiß nicht, ob ich morgen nach Afrika, Amerika oder in die Südsee aufbreche. Ich fühle weniger eine Unruhe, als vielmehr eine vollkommene Ruhe in mir. Der Wind treibt mich.«

»Ja, der Wind«, sagte ich gedankenverloren und schaute nach draußen. Er wehte an diesem Tag aus südlicher Richtung.

»Sven, lass uns auf die andere Rheinseite gehen und Drachen steigen lassen. Der Wind steht günstig.«

Wir schlenderten durch den Friedenspark, überquerten die Rheinuferstraße und stiegen die Treppe zur Südbrücke hinauf. Ich liebte es, von der alten Zugbrücke über den Rhein zu schauen. Wir hatten klare Luft und weite Sicht. Im Süden schimmerten die Konturen des Siebengebirges. Im Norden lagen auf der rechten Seite, friedlich und breit, die Poller Wiesen, während sich auf der linken Seite der Rheinauhafen mit seinen Lagerhäusern und den denkmalgeschützten Kränen zeigte. Hinter dem Hafen kam das Kölner Stadtpanorama mit den romanischen Kirchen, der Altstadt und dem Dom zum Vorschein. Auf der Südbrücke war alles in Bewegung. Das rauschende Wasser unter uns. Vorbeifahrende Schiffe und Segelboote und donnernde Güterzüge, die jedes Gespräch zunichte machten.

Wir gingen auf die Poller Wiesen und ließen uns ins Gras fallen. Über uns blauer Himmel und vorbeischwebende Wolken. Oft denke ich, dass wir uns nie schneller bewegen sollten, als Wolken an einem vorbeiziehen. Vielleicht war das das Maß aller Schnelligkeit.

Ich baute meinen blauen Lenkdrachen zusammen und rollte die Schnüre aus. Mit einem kurzen Ruck hob ich ihn in die Luft. Er gewann schnell an Höhe, türmte sich auf und schien noch weiter zu wollen, als es die Schnüre erlaubten. Er malte Kreise in den Himmel und schnitt dabei die Luft in Stücke.

Dann nachgeben, die Schnüre locker lassen, durchatmen. Aber nein, schon wieder schraubte er sich in die Wolken und suchte Nahrung für höhere Aufgaben. Sven schaute dem Spektakel zu. Nachdem sich der Drachen ausgetobt hatte, gönnte ich mir eine Ruhepause. Ich ließ ihn senkrecht über mir schweben, so wie es Turmfalken über Mäuselöchern tun.

Ich sagte zu Sven, dem ich die Schnüre anvertraut hatte, um mir eine Zigarette anzuzünden: »Ich denke die ganze Zeit darüber nach, was du beim Frühstück gesagt hast. Dich treibt eine vollkommene Ruhe. Bei mir ist es genau das Gegenteil. Mich treibt eine Unruhe.«

Er kratzte an seiner Narbe an der linken Wange, die er sich bei einem Autounfall in Mauretanien zugezogen hatte. Dann sagte er:

»Und! Kennst du den Ursprung deiner Rastlosigkeit?« »Einigermaßen. Neben meiner Familiengeschichte treibt mich vor allem die Wander- und Reiselust in die Ferne. Schon in der Jugend lockte das Abenteuer. Es gibt für mich nichts Schöneres, als auf eine afrikanische Landkarte zu schauen und mir in Gedanken eine Reise auszumalen. Mit dem Schiff den Nil hinaufsegeln, auf Kamelen die Sahara durchqueren oder wie Stanley das Kongobecken erforschen. Sobald ich meine Heimat aus dem Blickfeld verliere, scheinen die Sorgen kleiner zu werden. Die Lungen werden weiter, die Atemzüge ruhiger und tiefer. Auf Reisen lerne ich meine Grenzen kennen, schärfe die Sinne und entdecke Fähigkeiten und Schwächen, von denen ich vorher kaum etwas wusste. Ich entfliehe meiner Kultur, um mir gewahr zu werden, wer ich bin. Es ist die Suche nach mir selbst. Ich muss die Weite suchen, um mir nah zu sein. Und ich muss die Nähe suchen, um mir fern zu sein. Es ist wie verhext, aber so ist es. Manche Menschen fragen mich, warum ich nie zur Ruhe komme. Aber gibt es denn so was überhaupt in einem lebendigen Körper? Unser Organismus tauscht in einem Jahr fast alle seine Atome aus. Unser Herz pumpt unaufhörlich Blut bis in die entlegensten Regionen des Körpers. Wir bestehen zu mehr als der Hälfte aus Wasser. Schau, der Rhein vor uns ist ein fließendes Gewässer. Stehende Gewässer fangen nach einer gewissen Zeit an zu stinken. Und so faulen auch wir, wenn wir uns nicht bewegen.«

Ich drückte meine Zigarette aus und schaute ihm in die dunkelblauen Augen. Nach einer Weile fragte Sven:

»Ist Köln deine Heimat geworden?«

»Schwer zu sagen! Als ich nach vielen Jahren aus Afrika zurückkehrte, dachte ich bei mir, in Köln wirst du heimisch und lässt dich nieder. So ein Trugschluss. Meine Rastlosigkeit zu unterdrücken, würde bedeuten, mich aufzugeben. Ich weiß seit einiger Zeit, dass ich all das ausleben muss, was in mir drinsteckt, sonst werde ich verrückt.«

Als ich das gesagt hatte, übernahm ich wieder die Schnüre und ließ den Drachen seine Kurven drehen.

Sven schaute ihm hinterher und sagte: »Es bleibt für dich nichts weiter zu tun, als das Wechselspiel zwischen Distanz und Nähe auszuleben. Weißt du, die Liebe gilt den fernen Ländern. Sie reift in der Sehnsucht und vergeht in der Erfüllung. In einem Umfeld zu leben ist schön, wenn die Seele woanders ist. In Köln, wenn man von Afrika träumt, in Afrika, wenn man von Köln träumt. Der Mensch sehnt sich nach dem, was er nicht hat.«

Sven schaute auf die weißen Schnüre und den Drachen, den ich wieder an seinen festen Platz über uns gelotst hatte.

»Kay, ich glaube, du solltest einfach loslassen.«

»Wie meinst du das?«

»Lass den Drachen los. Der große Unterschied zwischen dir und mir ist der, dass ich ein schnurloser Drachen bin, losgelöst und frei. Du hängst an den Schnüren. Es ist ein ewiger Kampf, den du mit dir austrägst. All die vergeudeten Energien. Akzeptiere, wie es ist. Lass dich treiben.«

»Aber es fällt mir so schwer.«

»Dabei ist es so einfach. Du brauchst nur loszulassen. Was dich daran hindert, ist die Angst, die Kontrolle zu verlieren.«

Ich öffnete die Hände wie ein Schmetterling seine Flügel. Mir entglitten die Schnüre, und der Drachen flog davon. Bald sahen wir ihn auf der linken Rheinseite über den Dächern des Schokoladenmuseums, den Turmspitzen der Kirche Maria im Kapitol, und wir konnten es kaum glauben, immer weiter und höher trieb es ihn, über den Dom hinaus in die unendlichen Weiten des Himmels, bis wir ihn im blauen Meer aus den Augen verloren. Ein erlösendes Gefühl durchdrang meinen Körper. Mit Tränen in den Augen umarmte ich Sven.

Auf dem Rückweg blieb Sven stehen und sagte: »Ich liebe das Reisen. Ein Mensch soll sich umsehen in der Welt, damit er seinen Platz findet. Das Reisen an sich darf nie aufhören, sonst fällt der Mensch in einen Stillstand. Das Ziel seiner Reisen muss sich aber ändern. Irgendwann ist das Glück nicht mehr draußen in der Welt zu finden, sondern in einem selber. Dann musst du erkennen, dass das Weglaufen nichts bringt. Du musst in dein Herz schauen und in dir eine Welt aufbauen.«

»Aber um in mein Herz zu schauen, muss ich es erst einmal öffnen. Es gab Momente in meinem Leben, da hielt ich den Schlüssel in der Hand. Ich drehte den Schlüssel im Schloss herum, merkte aber, dass mir die Kraft fehlte, die Tür zu öffnen. So nahe am Ziel und alles umsonst. Diese Ohnmacht.«

»Geduld, Geduld. Deine Zeit wird kommen.«

Als er das gesagt hatte, erinnerte ich mich an die verschleierte Frau im Krankenhaus von Mopti, als sie mir die Kaurischnecken auf die Brust legte und auch sagte: »Deine Zeit wird kommen.«

Nur wann?

Am Abend saßen wir im Päffgen-Brauhaus auf der Friesenstraße und tranken Bier. Ein dickbäuchiger Kellner brachte deftige Kost. Eisbein mit Sauerkraut und Kartoffelpüree.

Ich erzählte Sven von der Begegnung mit der Hyänenfrau am Flussufer von Djenné.

»Warum Hyänenfrau?«

»Weil ich es so empfunden habe.«

»Kennst du dich mit Hyänen aus?«

»Ein bisschen. Jedenfalls sind sie für mich die afrikanischsten Tiere. Mehr noch als Elefanten oder Löwen.«

Sven bestellte noch ein Bier und sagte: »Hyänen sind Opportunisten. Sie schleichen wie Feiglinge umher, immer auf der Suche nach Aas oder junger oder kranker Beute. Aber sie können sich innerhalb kürzester Zeit in ein mutiges Raubtier verwandeln. Der Hunger treibt Hyänen, selbst dreimal größere Huftiere anzugreifen, aber nur, wenn sie keine andere Möglichkeit sehen, Beute mit weniger Aufwand zu erlegen. Meistens jagen sie alleine. Aber manchmal formieren sie sich zu einem Rudel und hetzen die Beute gemeinsam zu Tode. Es gibt kein anderes Säugetier, das im Verhältnis zu seinem Körpergewicht einen so ausgeprägten Kiefer hat. Sie knacken jeden Knochen und fressen alles von einem erlegten Tier. Hörner, Hufe und sogar Zähne verdauen sie vollständig.«

»Sven hör auf. Ich esse noch.«

»Aber das Wichtigste habe ich dir noch gar nicht erzählt.« »Was denn?«

»Ich habe Tüpfelhyänen in der Kalahari gesehen. Ein schauriger Anblick, wenn diese Bestien nach einer blutdurchtränkten Nacht zu ihren Erdhöhlen zurückkehren. Ich hatte immer gedacht, die Männchen wären größer als die Weibchen. Bis mich ein Biologe eines Besseren belehrte. Tüpfelhyänen leben in einem straff organisierten Matriarchat, in dem die Weibchen nicht nur größer, sondern auch dominanter und aggressiver sind. Sie haben hohe Testosteronspiegel und einen Penis, der bis zu 20 Zentimeter lang wird.«

Ich setzte mein Bierglas ab und schaute ihn fassungslos an. »Ist nicht wahr!«

»Ja, ich habe ihren Schwanz selber gesehen. Aber was sie damit machen, weiß ich auch nicht.«

Von nun an hörte ich Sven nicht mehr richtig zu. Denn in jenem Moment reifte in mir der Entschluss, die abenteuerliche Begegnung mit der Hyänenfrau in Form einer Skulptur zu visualisieren. Es sollte ein Kristallisationsprojekt werden. Wie und wann ich es machen würde, wusste ich noch nicht. Aber ich musste es machen.

Am nächsten Morgen brachte ich Sven zum Bahnhof. Er wollte nach Berlin. Nachdem ich mich von ihm verabschiedet hatte, verschwand er im Bahnhofsgedränge. Da wurde mir auf einmal bewusst, dass ich seine Telefonnummer nicht hatte. Wie ein Geist war er aus dem Nichts aufgetaucht und wieder im Nichts verschwunden, ohne den Hauch einer Spur zu hinterlassen. Es war einfacher, nach Wolken zu greifen, als Sven wiederzusehen.

Einen Monat später traf ich den Museumsdirektor im Römerpark-Café. Er strahlte.

»Kay, ich habe gute Nachrichten. Dein Exposé hat die Kulturdezernentin überzeugt. Die Finanzierung der Ausstellung ist gesichert. Darauf sollten wir anstoßen.«

Wir tranken Sekt und besprachen das weitere Vorgehen der Ausstellungsvorbereitung. In den kommenden Monaten sollte ich mich mit afrikanischen Künstlern in verschiedenen europäischen Städten treffen und Exponate für die Ausstellung akquirieren.

Ich ging wieder auf Reisen. Zu oft! Ich lebte mehr aus dem Koffer als zu Hause. Nach einigen Wochen hatte ich über 15 afrikanische Künstler in Brüssel, Paris, London und Amsterdam besucht. Ich traf alte Künstlerfreunde und lernte durch sie neue kennen. Maler, Bildhauer, Fotografen und Videokünstler. Die meisten von ihnen kannten Menschen aus ihrem Familien- und Freundeskreis, die an AIDS gestorben waren. Dies bestätigte auch Amouzou, ein togolesischer Bildhauer, den ich in seinem Wohn-Atelier in Wuppertal aufsuchte. Sein Gesicht hatte feine Züge. Ich schätzte ihn auf Mitte 40. Er hinkte, als er mich durch die alte Fabrikhalle führte. Seine rechte Hüfte schmerzte. Ihm fehlte das Geld für eine Operation. Er lebte seit 12 Jahren als freischaffender Künstler in Deutschland. Mehr schlecht als recht.

Auf dem Boden lagen Terrakotta-Figuren, Holzskulpturen, Styroporblöcke, Eisenträger, ein Schweißbrenner, zusammengerolltes Zeitungspapier, Farbtöpfe, mehrere Einkaufswagen aus einem Supermarkt und Werkzeuge aller Art. Mitten im Gewühl hatte er sich eine kleine Wohnnische hergerichtet: ein schwarzer Futon, ein abgewetztes, grünes Samtsofa, ein alter Gasherd, ein Bosch-Eisschrank aus den 60er-Jahren mit abgerundeter Tür, ein Küchenschrank aus Holz mit weiß angestrichenen Schubladen, zwei Stühle und ein Holztisch, auf dem ein voller Aschenbecher und mehrere Wasser- und Bierflaschen standen.

Ein Ghettoblaster spielte afrikanische Musik.

»Monsieur Amouzou, also weshalb ich hier bin, hätten Sie Interesse, eines Ihrer Exponate in der AIDS-Ausstellung …?«

»Wie kann ich an das nächste Projekt denken, wenn ich noch an etwas anderem arbeite?«

Er zündete sich mit zitternden Händen eine Zigarette an. »Wollen Sie sehen, meine letzte Kreation?«

»Natürlich!«

Er führte mich hinter die Wohnnische und riss ein riesiges, weißes Tuch von der Wand. Dass was ich sah, war sakrale Kunst. Mich starrten 24 aus Ton geformte Widderköpfe an, die Amouzou in Form eines Kreuzes aufgehängt hatte. Sie beherrschten die alte Fabrikhalle und stellten all seine anderen Bildhauerarbeiten in den Schatten. Was faszinierte mich an der Installation? Zum einen die Darstellung der Widderköpfe in Originalgröße. Zum anderen der erdfarbene, aufgebrochene Ton, aus dem sie gemacht waren. Die Hörner bestanden aus gewundenen Aluminiumstäben, die Amouzou am Hinterkopf verankert hatte.

In jenem Moment erinnerte ich mich an einen Alptraum, den ich vor einiger Zeit gehabt hatte. Ich war ein Mauersegler, der vom Himmel fiel und sich in einen Menschen verwandelte. An einem schönen See nahm ich ein Bad und wurde zu einer Kröte, die mit ansehen musste, wie der See versumpfte.

»Was ist los, Monsieur Shaffer?«

»Nichts … mich fasziniert Ihre Installation. Sie ist eine Wucht, sagenhaft! Wie sind Sie darauf gekommen?«

»Inspirationen aus verschiedenen Religionen. Im Islam, Christen- und Judentum sind Widder ein Symbol für Dominanz, aber ebenso auch Opfertiere und demzufolge Sinnbild für Unterwerfung und Hingabe. Die Hörner sehen aus wie Spiralen und stehen für das Leben, genauso wie das Kreuz.«

»Darf ich einen Kopf anfassen?«

»Oui, mais attention!«

Ich strich mit den Händen über die raue, verkrustete Oberfläche. Am liebsten hätte ich meine Haut an dem Ton aufgerieben, so wie Katzen ihre Klauen an Baumrinden schärften.

Ich fühlte mit einem Mal, dass ich meine Skulpturen auch aus Ton machen musste. Meine Hände kribbelten so sehr, dass ich am liebsten sofort mit dem Vogel-Mensch-Kröte- und Hyänenfrau-Projekt angefangen hätte. Die Zeit war gekommen, meinen Träumen und Erlebnissen eine dreidimensionale Form zu geben.

An diesem Tag unterhielt ich mich nur noch am Rande mit Amouzou über die AIDS-Ausstellung. Ich wollte vielmehr von ihm wissen, wie ich an meine Skulpturenprojekte herangehen sollte. Mit Amouzou hatte ich einen Fachmann, der auf eine langjährige Bildhauererfahrung zurückblickte. Er bot mir an, mich bei meinen Vorhaben zu unterstützen.

Die nächsten Wochen standen ausschließlich in der Vorbereitung der AIDS-Ausstellung. Die Inszenierung des Ausstellungsraums mit Objekten von über 25 afrikanischen Künstlern verlangte Geschick und Gespür. Einige Leihgaben hatten wir nicht bekommen. Dafür kamen andere Exponate hinzu, die der Ausstellung einen neuen Reiz gaben. Neben Gemälden, Fotografien und Skulpturen waren auch Videoinstallationen zu sehen, die teilweise schockierende Bilder von der AIDS-Tragödie zeigten.

Die Pressearbeit war im vollen Gange, und die Einladungskarten für die Eröffnung stapelten sich schon auf meinem Schreibtisch. Das Grafikstudio arbeitete an den letzten Seiten des Katalogs, der in Deutsch und Englisch gedruckt werden sollte.

Obwohl ich mit der Ausstellungsvorbereitung voll ausgelastet war, nahm ich mir an den Wochenenden Zeit und besuchte Amouzou in seinem Atelier. Ich kam mit einem Wust an Materialien: Ton, Töpferscheibe, Fettsalbe, Filzstift, Gipsbinden und verschiedene Werkzeuge zum Modellieren.

Amouzou hatte alles für den Gipsabdruck meines Gesichts vorbereitet. Das Vogel-Mensch-Kröte-Projekt konnte beginnen. Ich legte mich auf den Rücken und schloss die Augen. Nachdem Amouzou meine Augenbrauen und spärlichen Haare an den Schläfen mit Fett eingecremt hatte, rollte er die in Wasser aufgeweichten Gipsbinden über mein Gesicht aus. Schicht für Schicht. Ich hatte das Gefühl, langsam eingemauert zu werden. Die kalten Gipsbinden wurden mit der Zeit immer wärmer. Gips, das hatte mir Amouzou vorher erzählt, erhitzt sich in Verbindung mit Wasser. Ich gewöhnte mich an die Dunkelheit. Ich atmete ruhiger und wäre beinahe eingeschlafen, wenn mich nicht Amouzou aufgefordert hätte, die hart gewordene Gipsmaske langsam abzunehmen. Ich richtete mich auf und drückte mit den Händen langsam den Abdruck nach vorn. Ich schrie auf vor Schmerz. Der Gips klebte noch an der Haut und den Augenbrauen. Eine Minute später versuchte ich es wieder. Verdammt! Hatte Amouzou zuwenig Fett genommen? Ich wurde unruhig und wollte schon die Maske vom Gesicht reißen.

»Nimm dir Zeit, Kay! Drücken und loslassen, drücken und loslassen. Wie bei einer Geburt.«

Ich lachte über seinen Satz, und dabei lösten sich die Wangen von der Negativform. Jetzt noch die linke Schläfe. Ich holte tief Luft und drückte die Maske so weit nach vorn, bis sie sich von meinem Gesicht löste.

Am nächsten Wochenende war ich wieder im Atelier von Amouzou. Ich hatte vor, drei Tonabdrücke von der Negativform meines Gesichtes zu machen.

Die erste Positivform ließ ich unverändert. Sie zeigte mein Gesicht mit geschlossenen Augen. Ein friedlicher Ausdruck, schlafend, ruhend, für die Ewigkeit. Wie eine Totenmaske. Aus der zweiten Positivform modellierte ich einen Vogelkopf. Die vorstehenden Wülste auf Höhe der Augenbrauen bildeten, nach vorne zulaufend, den Ansatz für einen langen, mit Nase und Mundpartie zusammenfließenden spitzen Schnabel, der mein ganzes Gesicht beherrschte. Die Stirn- und Augenpartie ließ ich unverändert. Aus dem dritten Positivabdruck formte ich einen Krötenkopf. Auch hier veränderte ich nichts an der Stirn- und Augenpartie. Aber den unteren Teil der Nase, des Mundes und des Kinns verbreitete ich zu einem riesigen Krötenmaul. Es war nicht unbedingt ein gelungenes Kunstwerk. Man hätte in dieser Maske auch ohne Weiteres einen Neandertaler erkennen können. Aber es war ein Wurf zur Kröte hin.

Amouzou hatte die getrockneten Tonabdrücke provisorisch an die Wand gehängt.

»So solltest du sie zu Hause aufhängen. Oben der Vogelkopf – das Element Luft. In der Mitte der Mensch – das Element Erde, und darunter die Kröte, ein Amphibium, das sowohl auf der Erde als auch im Wasser lebt.«

Es klingelte.

»Das ist Palmira, deine Hyäne!«

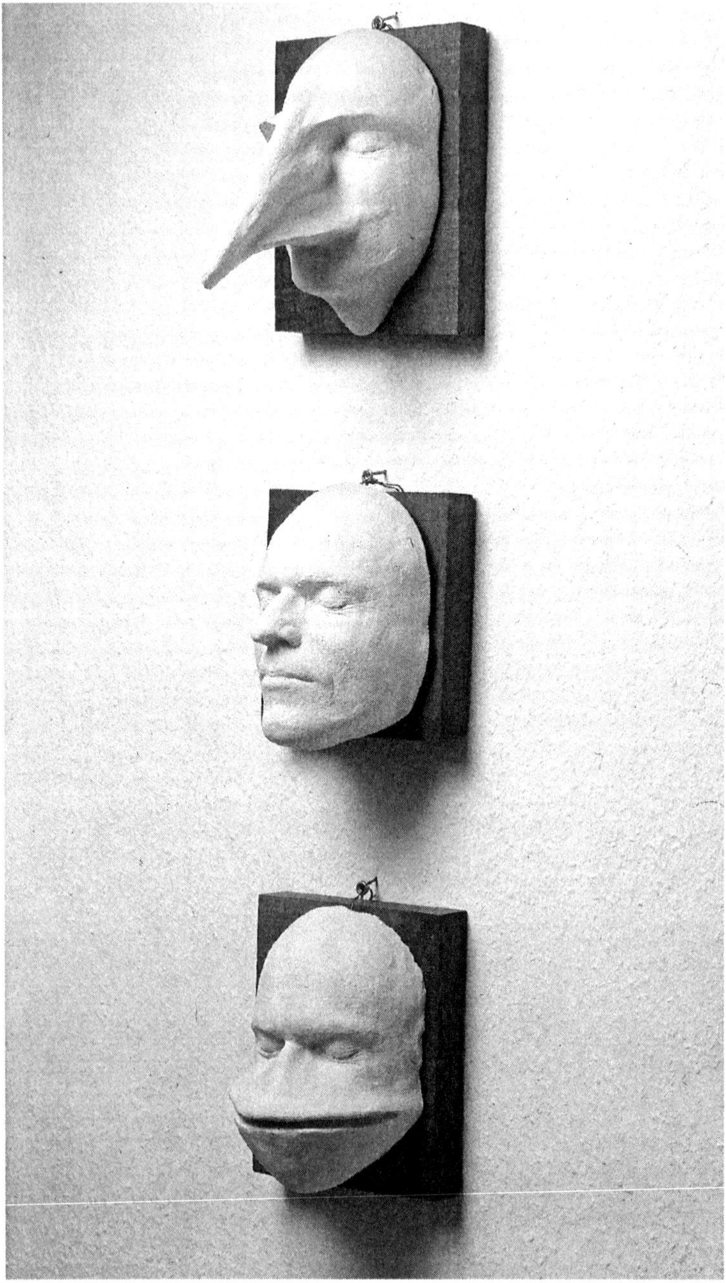

»Wie, meine Hyäne?« Ich wurde nervös.

Amouzou öffnete die Tür und umarmte eine junge Mulattin. Ich schätzte sie auf Mitte 20. Sie war groß und schön. Wie eine Raubkatze schritt Palmira durchs Atelier.

»Das ist Monsieur Kay.«

Ich reichte ihr meine zitternde Hand.

»Hallo, ich habe schon von deinem Hyänenprojekt gehört«, sagte sie und legte ihren braunen Ledermantel aufs Sofa. Sie trug Jeans und ein hautenges, grünes T-Shirt, unter dem ihre prallen Brüste durchschienen.

Ich schaute zu Amouzou, der einen Kaffee aufsetzte. Ihr spontaner Besuch hatte mich verlegen gemacht.

»Kay, warum so still, erzähl uns, was du vorhast!«, sagte Amouzou.

»Also … ich möchte einen Ganzkörperabdruck von dir machen, … aus Gips, bis zum Hals … aus einer springenden Position heraus, wie eine Hyäne, die ihre Beute im Visier hat und zum Angriff ansetzt.«

»Und woraus machst du den Kopf?«

»Ich werde wahrscheinlich einen Hyänenschädel nachmodellieren und ihn anschließend auf den Ganzkörperabdruck setzen.«

Sie lachte. Ihre mandelbraunen Augen waren wunderschön. »Mit anderen Worten, ich soll stundenlang in einer springenden Position verharren und so tun, als wäre ich eine Hyäne.«

»Keine Sorge, wir werden dich abstützen. Sollen wir mal die Stellung ausprobieren?«

»Ja natürlich, deshalb bin ich hier.«

Palmira zog ihre schwarzen Lederstiefel aus. Währenddessen rollte ich einen großen Baumstamm, den Amouzou vor ein paar Wochen am Rhein gefunden hatte, in die Mitte des Ateliers.

»Stütz dich darauf auf, gehe in die Knie und spreize deine Beine etwas. Ja gut so, beuge den Oberkörper nach vorne und drücke den Po nach hinten.«

Ich ging um Palmira herum und betrachtete sie von hinten. »Du stehst zu statisch, deine Beine sollten versetzt aufkommen, am besten den rechten vor den linken Fuß … genau so, … wie fühlst du dich?«

»Träge, ich kann mir nicht vorstellen, aus dieser Stellung anzugreifen.«

»Es fehlt noch an Dynamik. Spann deine Muskeln an. Rücken, Hals und Kopf müssen eine nach vorn ansteigende Linie bilden, wie ein Pfeil.

Und streck den Po mehr nach oben. Eine Mischung aus Erotik und Aggression. Wenn wir den Gipsabdruck machen, müsstest du dich allerdings bis auf den Slip ausziehen.«

»Das ist mir schon klar. Könnte ich meinen Freund mitbringen?«

»… natürlich.«

Ich hatte gehofft, sie wäre Single.

Zwei Wochen später war das Hyänenprojekt in vollem Gange. Palmiras senegalesischer Freund Diop half uns, Gipsbinden in warmem Wasser aufzuweichen.

Amouzou und ich mussten uns beeilen, denn der Gips wurde schnell hart. Schicht um Schicht rollten wir mit glitschigen Händen die Binden auf Palmiras nacktem Körper aus. Ihre Rippen wölbten sich mit jedem Atemzug unter dem fester werdenden Panzer. Schweißperlen standen auf meiner Stirn. Je schneller ihr schöner Körper unter dem Gipsmantel verschwand, desto mehr drängte die Begegnung mit der Hyänenfrau in mein Bewusstsein.

Das Blut brauste in mir hoch und pochte an meinen Schläfen. In einem fieberhaften Zustand reiste ich zurück an den dunklen Strom. Eine verhängnisvolle Ruhe lag über dem Wasser. Feuchte Luft schwängerte die afrikanische Nacht. Ich sah sie kommen. Ihre gierigen Augen hatten mich schon verschlungen. Aber dieses Mal war ich vorbereitet und hatte die Rollen vertauscht. Ich war der Täter und sie wurde zum Opfer, denn langsam erstarrte ihr noch atmender Körper unter dem Gipspanzer. Für immer.

Alles war reibungslos verlaufen. Trotzdem war ich innerlich zerrissen und wusste nicht, warum. Mehrmals blieb ich auf dem Weg nach Hause am Rheinufer stehen und schaute den vorbeifahrenden Schiffen hinterher. Verdammt noch mal! Was war los? Das Hyänenprojekt hatte doch erfolgreich begonnen. Während ich in die Wellen schaute, wurde mir immer klarer, dass ich ein männliches Pendant zur Hyänenfrau schaffen musste. Jemand sollte ihr die Grenzen aufzeigen: »Ja genau, bis hierhin und nicht weiter, du Bestie«, schrie ich voller Wut in die Fluten des Rheins.

Wo stand ich gegenüber der Hyäne? Wo war mein Platz? Ich musste ihr die Hörner zeigen. Ja, das war es.

Nach der Ausstellungseröffnung hätte ich noch einen Auftrag bei Amouzou zu erledigen. Er sollte von mir einen Ganzkörperabdruck bis zum Hals machen. Darauf wollte ich einen Stierschädel setzen, mit langen, spitz zulaufenden Hörnern. Während die Hyäne auf dem Sprung war, mich zu verschlingen, zeigte ich ihr mit steifem Schwanz und aus einer stehenden Pose heraus die Hörner. Mit diesem Bild vor Augen konnte ich wieder durchatmen. Noch am selben Abend erzählte ich Amouzou von meiner neuen Idee.

Die letzten Tage vor der Ausstellungseröffnung forderten ihren Tribut. Es kam kurzfristig zu Pannen, und die Zeit drängte. Die farbigen Abbildungen im Katalog hatten nicht die Qualität, die ich wollte. Woran es lag, wusste im Moment keiner zu sagen. Ich traf mich noch einmal mit den Mitarbeitern der Grafikabteilung und ging alles durch. Der Katalog musste auf jeden Fall neu gedruckt werden. Auch bei der Inszenierung der Exponate im Ausstellungsraum gab es Probleme. Die Beleuchtung stimmte noch nicht, und die Videoinstallationen waren schlecht eingestellt.

Vor jeder Eröffnung war ich nervös. Aber dieses Mal war es noch schlimmer. Die Mitarbeiter im Museum warfen mir vor, dass ich unkonzentriert und nicht bei der Sache sei. In all dem Vorbereitungschaos versuchte ich mich auch noch an der Rede, die ich am Tag der Eröffnung halten sollte. So sehr ich mich auch konzentrierte, mir fielen keine brauchbaren Ideen ein. Weder in meiner Wohnung, noch am Rheinufer oder im Café. Es ging nichts mehr. Denn in Gedanken war ich immer wieder bei Amouzou im Atelier. Ich musste das Stierprojekt vorziehen. Ich rief Amouzou an.

»Hast du an diesem Wochenende Zeit?«

»Warum?«

»Mir geht das Stierprojekt nicht aus dem Kopf. Meinst du, wir können den Gipsabdruck diesen Sonntag machen, übermorgen?« »Du hörst dich fertig an.«

»Bin ich auch. Lass es uns trotzdem versuchen.«

»Okay. Kauf Gipsbinden und sonstigen Kram und komm gegen 10 Uhr vorbei. Rasier vorher deine Brusthaare und die an den Armen und Beinen auch.«

»Okay.«

Kurze Zeit später saß ich in der Badewanne und rasierte meine Körperhaare. Ich kam aus dem Badezimmer wie ein gerupftes Huhn.

Amouzou hörte afrikanische Musik. Er kam auf mich zu und fragte, wie ich mich fühle.

»Okay.« Es stimmte nicht. Seit Tagen hatte ich nicht mehr geschlafen und war froh, bald die Ausstellung und das Stier-Projekt hinter mir zu haben. Diop war auch wieder dabei. Dieses Mal hatte er seine langen Rasta-Locken zusammengeknotet.

»Voilà, am besten legen wir sofort los«, sagte Amouzou.

Ich zog mich bis auf die Unterhose aus und stellte mich so hin, wie ich es mir vorgestellt hatte. Aufrechte Haltung, den Kopf etwas nach vorne gerichtet, die Schultern breit, angewinkelte Arme, das Becken nach vorne gezogen, die Knie etwas gebeugt und mit beiden Füßen auf dem Boden stehend.

»In dieser Stellung?«, fragte Amouzou.

»Ja, oder was meinst du?«

»Gehe noch mehr in die Knie. Ja, so. Fester Stand, aber trotzdem locker bleiben, auch im Becken und Oberkörper.«

Amouzou bückte sich und markierte mit einem Filzstift meine Fußstellung auf dem Boden.

»Wir fangen unten an.«

»Ich bin bereit.«

Diop weichte die ersten Gipsbinden in warmem Wasser auf und reichte sie Amouzou herüber. Mit schnellen Fingern rollte er sie an meinen Füßen aus, die ein Orthopäde einmal als Senk-, Spreiz- und Plattfüße klassifiziert hatte. Für einen Moment hielt ich die Luft an, denn ich musste mich an die feuchte, glitschige Masse gewöhnen.

»Merde, Kay, so geht das nicht! Halt still, sonst können wir nicht arbeiten.«

Ich spürte am eigenen Leib, wie angespannt ich war. Trotzdem versuchte ich, still stehen zu bleiben.

Einige Minuten später schrie Amouzou wieder auf.

»Verdammt noch mal, so geht es einfach nicht! Diop, hol mal den Spiegel dort hinter dem Schrank.«

Diop wusch sich den Gips von den Händen und stellte den mannshohen Spiegel ungefähr zwei Meter vor mir auf.

»Jetzt siehst du selbst, wie hibbelig du bist, und kannst gegensteuern.«

Das war Kontrolle »pur«. Ich war in meinem Spiegelbild gefangen. Nach mehr als 40 Jahren war so etwas wie Halbzeit in meinem Leben. Und der vorgesetzte Spiegel ein unerwarteter Anlass, meinen Körper aus der Nähe zu betrachten. Während Amouzou an meinen muskulösen Beinen arbeitete, schnitt ich Grimassen. Mit den Ohren wackeln und die Zunge herausstrecken war ja erlaubt, solange ich meinen Körper nicht bewegte.

Im Spiegel sehe ich eine geografische Zunge mit tiefen Furchen. Mein spärliches Kopfhaar rasiere ich seit vielen Jahren selbst. Der Haarschnitt ist kurz und kompromisslos. Mit den Jahren haben sich zu beiden Seiten der Mundwinkel tiefe und lange Lachfalten gebildet, die den Mund wie eine Klammer einrahmen. Unter der faltigen Stirn erheben sich blonde, buschige Augenbrauen, die ich bei erhöhter Anspannung gelegentlich ausrupfe. Meine Nase trägt eine kleine, trichterförmige Narbe einer langjährigen Akne aus pubertärer Zeit. In Afrika sind über die Jahre meine blaugrünen Augen gegenüber der Sonne sensibeler geworden. Manche behaupten, ich hätte die Augen eines Vogels. Des Öfteren reiße ich sie soweit auf, dass sich Menschen um mich herum erschrecken. Wahrscheinlich tue ich das, um meiner selbst gewahr zu werden. Ein besonderes Merkmal ist die etwa ein Zentimeter breite Zahnlücke im linken Oberkiefer, für die ich mich manchmal beim Lachen schäme. Mein kurzer Hals setzt an einen athletischen Oberkörper an. Ich bin 1,78 cm groß, habe breite Schultern und muskulöse Ober- und Unterarme, wobei der rechte Unterarm größer als der linke ist. Das kommt vom Tennisspielen. Ich habe riesige Hände und kann ohne Probleme über eine Oktave greifen. Die dünne Muskeldecke macht es möglich, den Bauch nach Belieben vorzuwölben.

Die Gipsbinden hatten sich bereits zu einem »Korsett« verhärtet und hinderten mich daran, tief durchzuatmen. Ein beklemmendes Gefühl. Durchhalten. Nur nicht aufgeben.

Amouzou redete kaum noch. War er so konzentriert bei der Sache oder auch so müde und erschöpft wie ich? Mein Körper schmerzte unter dem Gipspanzer, der mich immer mehr einengte.

Diop reichte mir eine Flasche Wasser an den Mund, die ich in schnellen Zügen austrank.

Es war Abend geworden und die Sonne schien mit letzter Kraft durch das offene Atelierfenster. Ich war aus einem Guss. Hart und unnachgiebig lag der erstarrte Gips auf meinem Körper, der sich nach nichts anderem sehnte als Befreiung.

»Halt, Kay, das müssen wir fotografieren«, sagte Amouzou. »Mach aber schnell, ich halt das nicht mehr aus.«

»Du siehst aus, als wärst du in den Teig gefallen.«

»Los, mach schon!«

Ich schaute mich im Spiegel an. Ich war blass geworden. Fast so weiß wie der Gips. Mein Kreislauf würde nicht mehr lange mitspielen. Amouzou und Diop sahen die anbahnende Katastrophe und machten sich umgehend daran, mich aus dem Gips zu befreien.

Eine halbe Stunde später lag ich in Decken auf dem Sofa und trank literweise Tee. Ich zitterte am ganzen Körper. Meine Kräfte waren am Ende. Die Energiereserven verbraucht. Erschöpft blickte ich auf den Gips, der in Einzelstücken auf dem Boden lag. Ich war so müde, dass ich kurze Zeit später auf dem Sofa einschlief und erst am nächsten Morgen aufwachte.

Viele Menschen tummelten sich im Museum. Die Ausstellungseröffnung war in vollem Gange. Eine Radioreporterin lief mit einem Mikrofon durch das Publikum und suchte den Museumsdirektor. Er sah mitgenommen aus. Die Ausstellungsvorbereitung hatte auch bei ihm Spuren hinterlassen.

Fotos und Blitze.

Händeschütteln.

Guten Tag, hello, bonjour.

Bier, Rotwein, Orangensaft, Wasser.

Käse, Salzstangen, Brezeln.

Ich wurde in kurze Gespräche verwickelt, die ich nicht zu Ende führen konnte, weil andauernd Freunde, Bekannte und Personen aus der Kunstszene auf mich zukamen und grüßten. Ich rauschte von einem Small-Talk in den nächsten. Es war anstrengend und des Öfteren fragte ich mich, was ich hier eigentlich machte.

In all der Hektik klopfte eine Hand auf meine linke Schulter. Ich drehte mich um. Es war der Direktor. Er schaute auf seine Armbanduhr und sagte: »Ich denke mal, wir sollten anfangen. Bist du so weit?«

Ich nickte.

Kurze Zeit später begann der Direktor mit seiner Begrüßungsrede. Der kongolesische Botschafter und ich standen neben ihm. Die Besucher hatten sich in einem Halbkreis formiert und wurden ruhiger. Während ich ins Publikum schaute, versuchte ich an meine Rede zu denken, die ich gleich vortragen wollte. Stattdessen war ich aber wieder in Gedanken bei der Hyänenfrau am Flussufer und meiner Furcht vor einer möglichen HIV-Infektion. War nicht der Titel der Ausstellung »Sexualität und Tod« auch ein Teil meiner Geschichte? Einer Geschichte, die ich vor einigen Monaten am eigenen Leib erfahren hatte.

Bum, Bum, Bum … pochte es in meinem Körper. Das Blut sauste durch die Ohren. Die Hände waren feucht. Am liebsten hätte ich mir den dunkelbraunen Anzug vom Leib gerissen. In meinem angespannten Zustand suchte ich Ablenkung von den vielen Gesichtern, die mich alle anzustarren schienen. Ich richtete meine Augen auf die Kunstwerke. Ich sah verschlungene Paare, lange Schwänze, pralle Brüste, lüsterne Augen, schummrige Bordelle und junge Mädchen, die ihre Dienste auf der Straße oder in Hinterhöfen anboten. Weiter rechts entdeckte ich einen züngelnden Schlangenkopf über einem Krankenbett. Ich sah ausgemergelte Gestalten, verzweifelte Gesichter und ohnmächtige Ärzte und Priester, die offenbar mit der Tragödie nicht fertig wurden. Je länger ich auf die Exponate schaute, desto mehr trübte sich mein Gesichtsfeld ein. Ich konnte die Konturen und Farben nicht mehr voneinander abgrenzen.

Es herrschte Totenstille. Alle Augen waren auf mich gerichtet. Der Direktor hatte vor Kurzem seine Einführung beendet und wartete auf meine Rede. Er schaute mich mit vorwurfsvollem Blick an. Wenigstens ein Wort, nur das erste Wort, dann wäre der Anfang gemacht.

Ich stammelte: »... Afrika ... Sexualität ... Tod ... die Übergänge sind fließend. Alles ist möglich, denn in Afrika sind Gott und der Teufel eine Einheit.«

Endlich war der Einstieg geschafft. Ich erzählte von den Künstlern, ihren Kunstwerken und AIDS. Aber vor allem von der Einstellung der Afrikaner zu ihrer Sexualität und dem Tod. Während ich redete, schlug mein Herz ruhiger. Die Luft war raus, das Pulver verschossen. Meine Worte mussten leidenschaftslos geklungen haben, als ich von den AIDS-Legenden sprach, die noch immer in vielen afrikanischen Köpfen herumgeisterten. Der Höhepunkt, auf den ich die letzten Monate hingearbeitet hatte, war überschritten. Ich fühlte mich ausgezehrt und war nur zu froh, am Ende meiner Rede das Wort an den kongolesischen Botschafter weitergeben zu können.

Aufbruch

»Nichts bleibt als ständige Veränderung.« Heraclitus

Die Ausstellungseröffnung lag mehrere Wochen hinter mir. Es waren Wochen der Ruhe und Entspannung. Nur an den Wochenenden raffte ich mich auf und arbeitete an dem Hyänen-und Stier-Projekt weiter. Ich füllte die Negativformen der Körperabdrücke mit Ton aus und ließ sie bei Freunden brennen. In New York hatte ich einen Hyänenschädel aus Plastik erworben. Aus Uganda ließ ich mir einen Stierschädel mit über 70 cm langen Hörnen zuschicken.

Nun thronten die Hyänenfrau und der Stiermann auf meiner Dachterrasse. Nackt standen sie sich gegenüber. Er aufrecht stehend, mit steifem Schwanz und spitz zulaufenden Hörnern – sie in einer Angriffsstellung, auf dem Sprung, ihn zu verführen und zu verschlingen.

Das, was ich tun musste, hatte ich getan. Mit diesem Gefühl setzte ich mich an jenem herrlichen Sommerabend auf die Dachterrasse und schaute den Mauerseglern hinterher, wie sie ihre letzten Runden im Innenhof drehten. »Mein« Mauerseglerpäarchen hatte Anfang Juni zwei Junge bekommen. Wie die meisten Jungsegler waren sie im Sternzeichen des Zwillings geboren. Vielleicht war das einer der Gründe, warum sie so rastlos zwischen den Kontinenten hin- und herflogen. Als die Nestlinge ihre Brustmuskulatur durch wiederholtes Flügelschlagen gekräftigt hatten, begann ihr wirkliches Mauerseglerdasein. Sie schauten aus dem Nest in die Tiefe des Innenhofs, rückten nach vorn, ließen sich in den Luftraum fallen und konnten FLIEGEN. Es war ein Sprung in die Freiheit oder den Tod, denn ein Fehlversuch hätte für sie fatale Folgen gehabt. Meine beiden Jungsegler hatten es geschafft. Mit Wonne schaute ich ihnen hinterher, wie sie mit sensenförmigen Flügeln und kurzen Schwänzen die Luft in Stücke schnitten.

Wir hatten Mitte August und ein innerer Trieb gab ihnen vor, bald in den Süden aufzubrechen. Für die Jungsegler war es ihre erste große Reise nach Afrika. Aus diesem Grund hatten sie sich ein Reservegewicht angefressen. Es waren notwendige Fettpolster, ohne die sie die Reise nicht überleben würden. Mit Einbruch der Dunkelheit konnte ich die Kapriolen der Mauersegler nicht mehr verfolgen. Nur noch die charakteris-

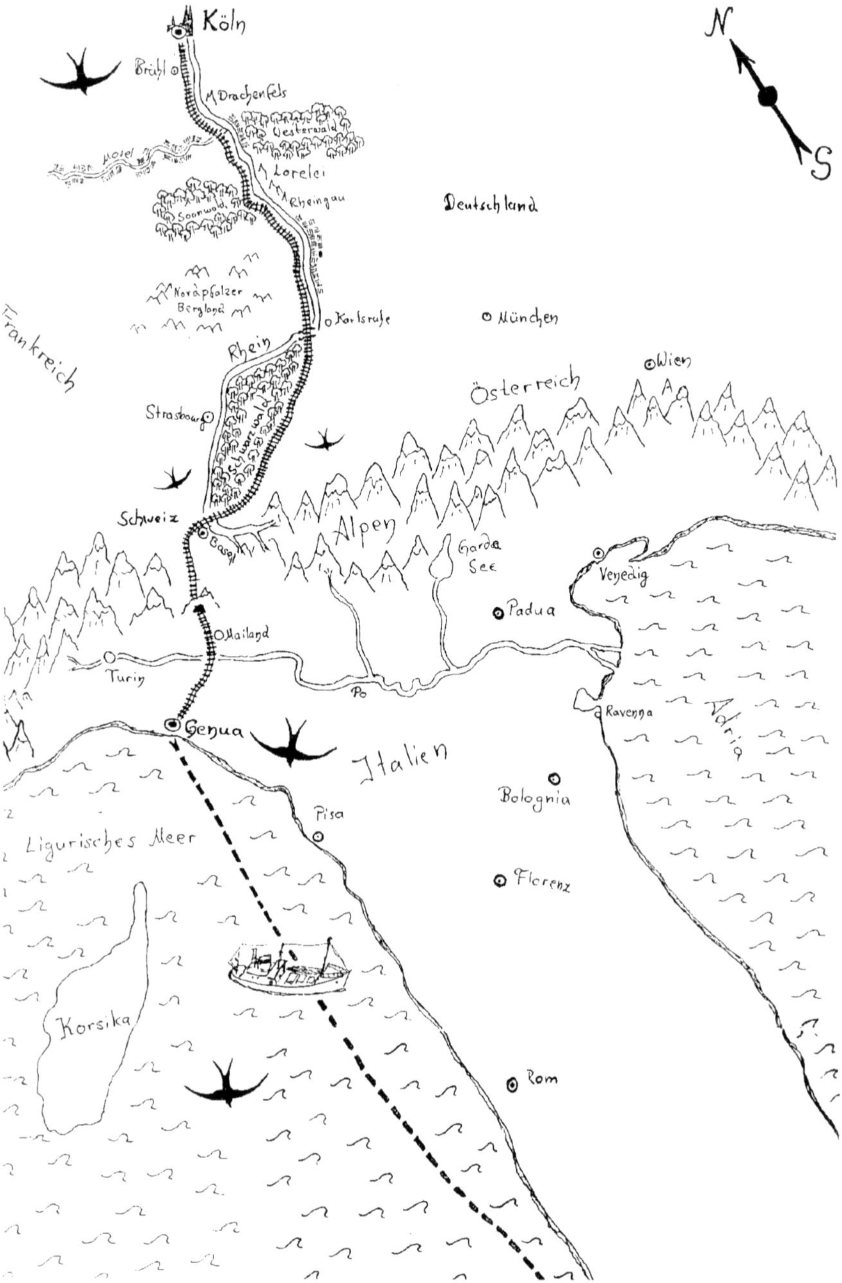

N
S
Köln
Brühl
Drachenfels
Westerwald
Mosel
Lorelei
Rheingau
Soonwald
Deutschland
Nordpfälzer
Bergland
Karlsruhe
München
Frankreich
Rhein
Wien
Österreich
Strasbourg
Schwarzwald
Schweiz
Basel
Alpen
Garda
See
Venedig
Padua
Mailand
Turin
Po
Genua
Italien
Ravenna
Adria
Bolognia
Pisa
Ligurisches Meer
Florenz
Korsika
Rom

tischen Srie-Srie-Srie-Rufe vernahm ich, als ich die Terrassentür hinter mir zuzog und ins Badezimmer ging, um das Wasser in die Badewanne einzulassen.

Nach dem Bad trocknete ich mich ab und zog mich an. Ich schaute noch einmal aus dem Fenster. Über den Dächern funkelte der Dom im Scheinwerferlicht.

Mein Rucksack war gepackt. Er stand neben mir.

Jeden Moment würde der Taxifahrer klingeln.

Ein Telefonanruf unterbrach den Ablauf der Dinge. Es war Heiko, der mich vor Jahren auf die Mauersegler aufmerksam gemacht hatte.

»Hallo Kay, wie geht es dir?«

»Gut, ich verreise.« Ich staunte selbst über meine Antwort. »Aber davon wusste ich nichts.«

»Ich bis gestern auch nicht.«

»Wohin geht die Reise?«

»Das weiß ich nicht«, sagte ich mit ruhiger Stimme.

Neugierig fragte Heiko weiter: »Und wann kommst du zurück?«

»Das weiß ich auch nicht.«

»Ja, warum verreist du denn überhaupt?«, fragte er völlig konsterniert.

»Das weiß ich auch nicht.«

Der Taxifahrer klingelte.

»Heiko, ich habe keine Zeit, dir das zu erklären. Ich melde mich von unterwegs, und grüße mir Sabine.«

Ich schulterte meinen Rucksack, machte die Fenster im Wohnzimmer und der Küche zu und verließ in einem Anflug der Glückseligkeit mein Zuhause. Ich hörte noch einmal das Telefon klingeln, nachdem ich die Wohnungstür hinter mir geschlossen hatte. Wer immer es auch gewesen war, es war zu spät. Die Reiselust durchzuckte jeden Muskel meines Körpers. Meine Sinne waren darauf ausgerichtet, Neues zu entdecken. Es gab kein Halten, nur den Drang nach vorne in eine ungewisse, abenteuerliche Zukunft.

Ich setzte mich auf die Rückbank des Taxis und sagte: »Zum Bahnhof, fahren Sie bitte am Rhein entlang.«

Es gab wenig Verkehr auf der Rheinuferstraße. Der Fluss lag ruhig im Bett und schob seine Wassermassen nach Holland. Hinter dem Rheinufertunnel bog der Taxifahrer nach links und setzte mich am Domvorplatz ab. Wie Phallussymbole ragten die beiden Domspitzen in den abendlichen Himmel. Ich verweilte nicht in der Bahnhofsvorhalle und schaute mir auch keinen Fahrplan an. Ich ging geradewegs zu den unterirdischen Gängen, die zu den Gleisen führten.

Mein Reiseziel war so ungewiss wie meine Zukunft. Ich hatte den Rucksack gepackt, ohne zu wissen, wohin mich die Reise führt. Ich hatte meine Wohnung verlassen, ohne zu wissen, ob ich jemals wiederkommen würde. Und ich hatte mit Heiko Worte am Telefon gewechselt, ohne zu wissen, ob ich ihn jemals wiedersehen würde.

Am Gleis 7 blieb ich stehen. Warum, wusste ich nicht. Langsam stieg ich die Treppe hinauf. Die gelbgrüne »4711« Reklame beherrschte die wuchtige Bahnhofshalle.

Ein Pfiff.

Der Zug auf Gleis 7 wurde soeben vom Schaffner auf die Reise geschickt. Ich packte an die Tür, riss sie auf und sprang auf den obersten Absatz. Geschafft. Ein herbeigelaufener Mann vom Bahnhofspersonal wollte mich noch abmahnen. Aber zu spät. Der Zug hatte schon an Fahrt gewonnen. Langsam glitt er in die Nacht. Beherzten Schrittes lief ich auf das erste Abteil zu. Es war dunkel. Ich öffnete die Tür und knipste das Licht an.

»Guten Abend, ich heiße Joseph.« Ich war überrascht, denn ich hatte keinen Menschen in diesem Abteil erwartet. Auf dem Fensterplatz saß ein hohlwangiger Mann mit Hut.

»Stört es sie, wenn ich das Licht anlasse«?, fragte ich mit unsicherer Stimme. Diese sonderbare Gestalt war mir nicht geheuer.

»Wie Sie wünschen«, sagte er und schaute dabei auf die vorbeiziehenden Kölner Vororte. Ich hängte meinen Panamahut an den Kleiderhaken, deponierte den Rucksack in das obere Gepäckfach und setzte mich zum Gang hin. Neugierig beobachtete ich den Mann im spiegelnden Schein des Türglases. Er trug eine khakifarbene Anglerweste mit vielen Taschen. In der linken Hand spielte er mit einem Rosenkranz, den er unaufhörlich durch seine Finger gleiten ließ. Aber noch etwas anderes kam in seiner linken Hand zum Vorschein. Ich drehte meinen Kopf und schaute Joseph direkt an. An dem Holzkreuz des Rosenkranzes hing eine ausgestopfte Hasenpfote. Sobald er mit dem Rosenkranz durch war, strich er sanft mit dem Daumen über die Pfote und wiederholte die rituelle Handlung.

In Brühl stieg ein weiterer Mann hinzu. Max nannte er sich. Er hatte eine spitze, ja fast schnabelförmige Nase. Er setzte sich Joseph gegenüber, wanderte mit seinem rechten Zeigefinger über die Unterlippe und sagte aus der Stille heraus: »Ich gewöhne mich an die einfache Halluzination. Ich sehe ganz deutlich den Finger Gottes anstelle Ihrer Hasenpfote und eine Kirche anstelle der im Abendlicht funkelnden Fabrik. Ich nehme die Verschmelzung fremder Dinge zu einer höheren Realität wahr, der Surrealität …«

Joseph unterbrach ihn. »Die technischen Erfindungen der Neuzeit haben zur Verinnerlichung der Magie geführt. Nur um einige Tabus, wie Zeugung, Geburt und Tod, haben sich magische Reste gehalten. Durch alles, was sich in den letzten Jahrhunderten angesammelt hat, ist das direkte Sehen verloren gegangen. Ich möchte Urwesenhaftes sehen und finden. Die Hingabe an die elementare Triebkraft der Natur, die Rückkehr zum Urgrund, die Besinnung auf das naturhaft Tiefste. Ist es nicht das, wonach wir uns alle sehnen?«

»Wenn ich Sie recht verstehe«, warf Max ein, »dann ist das Leben eines jeden Menschen nichts anderes als ein Weg zu sich hin. Jeder von uns trägt die Last seiner individuellen und kollektiven Vergangenheit. Nur wenige sind bereit, diese Last abzulegen und auf die Suche nach ihrem Weg zu gehen. Glauben Sie niemals denen, die gefunden haben, sondern vielmehr denen, die suchen. Was wäre das Leben ohne Neugierde? Manche von uns werden niemals Menschen. Sie verharren in ihrem Urzustand. Manche sind oben Vogel und unten Kröte. Andere wieder oben Mensch und unten Fisch. Aber jeder ist ein Wurf nach dem Menschen hin. Wir können noch so viele Menschen treffen und Bücher lesen, aber deuten kann jeder nur sich selbst.«

Die Abteiltüre wurde geöffnet. Der Schaffner betrat die Bühne und beendete das Gespräch zwischen Max und Joseph. Ein Gespräch, dem ich bis dahin gespannt zugehört hatte.

»Wohin geht die Reise?«, fragte mich der Schaffner.

»Wenn ich das wüsste, wäre ich nicht so glücklich«, sagte ich voller Überzeugung.

»Na, dann zeigen Sie mir Ihre Fahrkarte. Darauf ist Ihr Reiseziel ja zu sehen«, sagte er in ernstem Ton.

»Ich muss Sie enttäuschen, aber ich bin erst kurz vor der Abfahrt in den Zug gestiegen. Um ganz ehrlich zu sein, ich weiß nicht mal, wohin der Zug fährt.«

Der Schaffner schaute ungläubig auf Max und Joseph und wandte sich dann wieder an mich: »Bis nach Basel. Da kommen wir morgen Früh an. Sie werden bei mir nachlösen und zusätzlich einen Aufschlag zahlen. Wollen Sie denn bis nach Basel fahren?«

Ich schmunzelte und sagte: »Ja, das ist genau meine Richtung. Auch die Mauersegler fliegen in den Süden.«

Max schaltete sich in das Gespräch ein. »Mit Verlaub, das hört sich interessant an. Sie folgen also den Zugvögeln. Sieh mal einer an. Dann dürfen Sie aber in Basel nicht lange verweilen.«

»Das habe ich auch nicht vor. Ich heiße übrigens Kay«, sagte ich, und reichte Max die Hand. Joseph spielte weiterhin mit seinem Rosenkranz und vergaß nicht, die Hasenpfote zu streichen, sobald er an dem Kreuz angelangt war.

Dem Schaffner kam die Unterhaltung im Abteil seltsam vor, seinem Gesicht nach zu urteilen. Ich löste bis Basel nach.

Als der Schaffner das Abteil verlassen hatte, kehrte für einige Zeit Ruhe ein. Doch dann ergriff Joseph wieder das Wort. Es war ein kurzer Monolog. »Wir denken oft, wenn wir die Koffer packen, uns verabschieden und auf Wanderschaft gehen, dass wir uns auf eine Reise begeben. Und wir denken genauso oft, wenn wir nach langer Zeit die Koffer wieder zu Hause abstellen, dass wir am Ende unserer Reise sind. Wir sind angekommen. Aber die wenigsten fühlen in ihrem Herzen, dass das Leben an sich eine Reise ist. Seit der Geburt reisen wir unaufhörlich mit unseren

Gefühlen, Gedanken und Koffern durch Zeit und Raum. Sind wir nicht alle auf einer lebenslangen Durchreise?«

Dann stand Joseph auf und verließ, ohne sich zu verabschieden, das Abteil.

Noch lange schaute ich in die pechschwarze Nacht. Gedanken lösten sich im Rausch der Geschwindigkeit. Drachenfels und Lorelei hielten ihre Stellung am Rhein, während ich im Höllenritt gen Süden rauschte.

Am nächsten Morgen weckten mich Schweizer Zollbeamte. Passkontrolle. Ich war allein im Abteil. Von Max keine Spur. Kurze Zeit später überquerte der Zug den Vater Rhein. Es hatte gut getan, ihn in der vergangenen Nacht an meiner Seite zu haben. Sein Wasser ist hier grüner und milchiger als am Unterlauf. Kaltes Gletscherwasser aus dem Berner Oberland speist die Wasserader, die mich seit meiner Kindheit begleitet hat. Schon immer hat der Rhein meine Seele umspült. Nur fühlte ich es bis dato nicht. Mein Wesen liebte luftige Höhen. Wasser bevorzugt aber tiefe Orte.

Ich stieg in Basel aus und machte mich auf den Weg zum Rhein. Vor einem kleinen Hotel blieb ich stehen. Es hatte einen heimeligen Charakter. Als wäre die Zeit stehen geblieben. Die Frau des Hoteliers führte mich nach oben. Der Treppenaufgang knirschte. Es roch muffelig. Hirschgeweihe und Schwarz-Weiß-Fotos von Auerhähnen zierten den Flur des ersten Stocks. Ich bezog eine kleine Kammer mit Blick auf den Rhein. Das Zimmer hatte ein Bett, einen schmalen Holzschrank, einen Stuhl, einen Tisch mit rotweiß karierter Tischdecke und ein kleines Waschbecken.

Müde ließ ich mich aufs Bett fallen. Erst gegen Mittag wachte ich auf. Buben, nicht älter als zehn Jahre, warfen Rettungsreifen in den Rhein und sprangen ihnen hinterher.

Ich öffnete den Schweizer Armee-Rucksack und breitete meine Sachen auf dem Bett aus. Was hatte ich alles für meine spontane Reise mitgenommen? Eine Jeans, eine lange Gortex-Hose, eine Shorts, vier Unterhosen, zwei langärmelige Hemden, drei T-Shirts, einen Pullover, eine Regenjacke, drei Paar Socken, einen Gürtel, feste Wander- und Sportschuhe, Flip-Flops und einen voll gepackten Kulturbeutel. Darüber hinaus hatte ich noch einen kleinen Lederrucksack, in dem ich Folgendes verstaut hatte: Füller, schwarze Tinte, Tagebuch, Taschenmesser, Reisepass, internationaler Führerschein, Impfausweis und 4.000 Dollar in bar. Ganz unten holte ich ein mit Watte gepolstertes Holzkästchen hervor, in dem ich die ausgetrocknete Kröte aufbewahrt hatte. Es war ein befreiendes Gefühl, meine Besitztümer in zwei Rucksäcke verstauen zu können.

Am nächsten Morgen wiederholte ich das, was ich am Kölner Bahnhof schon gemacht hatte. Ohne auf den Fahrplan zu schauen, ging ich auf ein Gleis, diesmal war es Gleis 9, und stieg in den wartenden Zug. Wo fuhr ich dieses Mal hin? Nach Paris oder Zürich, oder wieder zurück nach Köln? War es vielleicht ein Regionalzug, der mich nur nach Lörrach bringen würde?

Ich setzte mich dieses Mal in ein leeres Abteil, zog die Schuhe aus und legte die Beine auf den gegenüberliegenden Sitz. Mit einem kurzen Ruck setzte sich der Zug in Bewegung. Langsam zogen die Vororte von Basel an mir vorüber. Ich sah kleine Gemüsegärten an den Bahngleisen und Schweizer Flaggen von Holzbalkonen wehen.

Auch in Bern stieg niemand ins Abteil. Der Zug fuhr also in den Süden. Die ersten Almen, Wildbäche, Berge, Schneefelder. Wo sollte die Reise enden?

Auf dem Nebensitz lag eine Zeitung vom Vortag. Ich schlug das Feuilleton auf. Meine Augen blieben an einem Foto hängen. Es war das markante Gesicht des amerikanischen Schriftstellers Jack Kerouac. Darunter ein Bericht über sein 1951 erschienenes Buch »On the Road«. Kerouac schrieb in seinem Reiseklassiker von mehreren transamerikanischen Autofahrten, die er mit einem Freund unternommen hatte. Er soll den Text unter dem Einfluss von Alkohol und Drogen wie in Trance hintereinanderweg auf eine 35 Meter lange Papierrolle getippt haben. Das hörte sich an, als hätte er auf einer Klopapierrolle geschrieben. Ich schmunzelte und konnte mein Grinsen auch dann nicht verbergen, als der Schaffner die Abteiltür öffnete und nach meinem Fahrschein fragte.

Ich war wieder in Erklärungsnot und musste nachlösen. Wohin? Es ging ans Mittelmeer nach Genua. Wunderbar! Genüsslich streckte ich meine Beine aus und tauchte wieder in die Welt von Jack Kerouac ein.

Seine Reisen Ende der Vierziger-Jahre durch die Vereinigten Staaten waren von Anfang an Entdeckungsreisen gewesen. Fluchtpunkt aller Aufbrüche war der vorindustrielle Geist Amerikas. Seine Autofahrten von »coast to coast« waren beschleunigt von einer Erotik der Ungewissheit, andererseits verlangsamt durch die zenbuddhistische Suche nach dem Nullpunkt. Reisen und zugleich in sich ruhen.

Auch in meinem Leben gaben sich Rastlosigkeit und Ruhe die Hand, so als ob sie in einem fortdauernden Staffellauf ihre Runden zögen. Es hat mir immer geholfen, autobiografische Reiseklassiker wie »Without stopping« von Bowles oder auch »Life of my choice« von Thesiger zu lesen. Sie verhalfen mir aus der Einsamkeit und öffneten die Tür zu Menschen, die ähnlich fühlten wie ich.

Ich schaute aus dem Fenster. Dunkelblau glänzte der Thuner See. Die Täler lagen noch im Schatten, während die Berge in der Sonne strahlten. Langsam rollte der Zug in den Süden, und in Gedanken sah ich mich schon unter blühenden Zitronenbäumen liegen.

Ich wache auf, öffne die Balkontür und schaue auf die Schiffe, die vor der Villa Rosa vor Anker liegen. Seit nunmehr einem Jahr lebe ich in dieser renovierungsbedürftigen Villa am Hafen von Genua. Dieses alte, zweigeschossige Anwesen liegt an einer alten Kaimauer, und alle Zimmer nach vorne hinaus haben einen herrlichen Blick auf den Hafen und die offene See. Palmen wiegen sich im Wind, und Oleanderbüsche stehen in Terrakotta-Töpfen vor dem Hauseingang. Obwohl die rosafarbene Hausfassade langsam verbleicht, hat die Villa mit ihren schönen, alten Holzfenstern von ihrer ehemaligen Eleganz nicht viel verloren.

Ein Treppenhaus teilt das Gebäude in zwei Hälften. Ich bewohne die obere Etage auf der linken Seite der Villa Rosa. Es ist eine Wohnung mit hohen Decken und alten Holzböden. Mein helles Wohnzimmer mit Balkon zum Hafen hin ist afrikanisch eingerichtet. Der Tisch und die handgeschnitzten Holzstühle kommen aus Nigeria, die Teppiche und Kissen aus Mali und die Senufo-Masken an den Wänden von der Elfenbeinküste. Das Wohnzimmer führt in eine geräumige Küche mit schmiedeeisernem Herd und portugiesischen Kacheln über der Kochstelle. Daneben ein kleines Gästezimmer und nach hinten hinaus, mit

Blick auf die Stadt, das Bad und Schlafzimmer. In dessen Mitte thront ein riesiges Bett. Da herum stapeln sich Bücher, meist nur angelesene, denn ich habe die Angewohnheit, in mehreren Büchern gleichzeitig zu schmökern.

Die Wohnung ist mein Refugium. Hier kann ich mich zurückziehen, meinen Gedanken nachgehen und meine Träume niederschreiben. Mit dem Blick aufs offene Meer habe ich jederzeit die Vision vor Augen, in See zu stechen.

Unter meiner Wohnung führe ich eine Praxis für Haut- und Geschlechtskrankheiten. Meine Patienten kommen hauptsächlich aus dem Hafenmilieu: Matrosen, Nutten, Stricher und Zuhälter, aber auch Vagabunden, Gauner, Zigeuner, Hafenarbeiter und Künstler. Es ist eine abwechslungsreiche Klientel.

Im Erdgeschoss auf der rechten Seite der Villa Rosa liegt die Bar Paradiso. Hier fließt der Wein bis tief in die Nacht, und schummrige Musik erhitzt die schwülstige Atmosphäre. Über der Bar ist ein Etablissement, in dem man die Zimmer auch stundenweise mieten kann. Eine fettleibige Korsin mit italienischem Blut, Signora Otilla, führt auf dieser Seite der Villa mit ihren Damen Regie.

Ich möchte kurz erzählen, wie ich an die Villa Rosa gekommen bin. Als ich damals vom Zug aus die ligurische Küste sah, wusste ich, dass meine Zugfahrt hier enden würde. Nach meiner Ankunft in Genua wohnte ich am Hafen und schaute den Schiffen hinterher. Am Abend frönte ich dem Leben in den einschlägigen Kneipen und Spelunken. In dieser Zeit besuchte ich zum ersten Mal die Bar Paradiso. Ich lernte Signora Otilla kennen und einen alten Arzt namens Dottore Mattoni. Er hatte eine Vorliebe für die Bar, und so war es unvermeidlich, dass wir uns bei Wein und Musik unsere Lebensgeschichten erzählten. Es stellte sich heraus, dass Dottore Mattoni seit über 30 Jahren in der Villa Rosa die Praxis für Haut- und Geschlechtskrankheiten führte und bald in Pension gehen wollte. Als ich ihm von meiner Studentenzeit in Italien und meinen tropenmedizinischen Erfahrungen in Afrika erzählte, kam ihm die Idee, mich als Nachfolger einzustellen. Und wie das Leben spielt, nahm ich an. In den ersten Monaten schaute ich Dottore Mattoni noch über die Schulter. Dann wurden die Formalitäten für die Praxisübergabe auf italienische Weise geklärt, und so fand ich mich auf einmal als praktizierender Arzt in der Villa Rosa wieder.

Warum ich die Nachfolge angenommen habe? Vor allem, um Geld für die Fortsetzung meiner Reise zu verdienen. Mich reizte aber auch die Klientel. Sie waren auf ihre Weise alle Abenteurer.

Ich führe in der Villa Rosa ein Doppelleben. Auf der linken Seite der Villa, dort wo ich wohne und meine Praxis habe, lebe ich ein bürgerliches und verantwortungsvolles Leben. Mit Einbruch der Dunkelheit aber offenbart die andere Seite meiner Seele ihr Gesicht. Nach der Arbeit in der Praxis begebe ich mich auf die rechte Seite der Villa, in die Bar Paradiso, und höre den abenteuerlichen Geschichten der Seefahrer, Gauner und Dirnen zu. Im Rausch des Weines und in der Tiefe der Nacht treibt mich die Leidenschaft in das Etablissement von Signora Otilla, bevor ich angetrunken und entkräftet in meine Wohnung zurückkehre und ins Bett falle. Am nächsten Morgen beginne ich den Kreislauf von Neuem, indem ich zur gewohnten Zeit meine Praxisräume betrete.

Das ist mein Leben in der Villa Rosa. Es ist eine frohlockende Scheinwelt. Aber egal, wie zufrieden ich als Mieter und Arzt bin, egal, wie sehr ich mich dem Alkohol und den erotischen Ausschweifungen hingebe, irgendwann muss ich die Villa Rosa wieder verlassen. Denn meine Richtung ist klar. Die Sehnsucht gilt dem offenen Meer. Ich schaue mit Freuden auf die auslaufenden Schiffe, und jederzeit könnte ich alles stehen und liegen lassen und mit ihnen in See stechen, nur um die abenteuerliche Philosophie der Argonauten zu wiederholen: *Navigare necesse est, vivere non necesse est. – Seefahrt tut Not, Leben tut nicht Not.*

Es ist Mitte August. Die Mauersegler fliegen ihre Bahnen und bereiten sich auf die lange Reise nach Afrika vor. Ich schaue ihnen lange hinterher. Bis mir der Nacken schmerzt. Mit der rechten Hand streiche ich über mein unrasiertes Kinn. An diesem Sonntagmorgen bleibe ich länger auf dem Balkon.

Was hält mich eigentlich noch hier?

Ich mache mir einen Kaffee und schaue in die Tageszeitung, die nur uninteressante Nachrichten bringt. Gelangweilt lege ich sie beiseite und beobachte stattdessen, wie die Fähre nach Korsika ablegt. Ich sehe winkende Menschen am Kai. Der Hafen ist jedes Mal ein Ort des Abschieds und der Heimkehr, der Trauer und Freude zugleich. Als ich die Fähre aus den Augen verliere, lege ich mich wieder ins Bett. Erst am späten Nachmittag wache ich auf.

An diesem Sonntagabend hat mich Dottore Mattoni zum Abendessen eingeladen. Mir liegt nicht viel an den akademischen Kreisen, die nur allzu gerne in Selbstgefälligkeit schwelgen. Man plaudert über Belanglosigkeiten und erzählt sich bei Cocktails und üppigem Essen den neusten Klatsch der »Hautevolee«. Aber einmal im Jahr sollte ich aus einer sozialen Verpflichtung heraus mein Gesicht zeigen. Gegen halb neun bestelle ich ein Taxi und lasse mich zur Villa des Gastgebers fahren, die hoch über der Stadt in den genuesischen Hügeln liegt. Ich gehe eine breite Marmortreppe hinauf und werde am Eingang von Dottore Mattoni empfangen.

»Buona sera, Dottore Schaefer. Ich erkenne Sie kaum wieder.« Seit zwei Monaten ziert ein dünner Ringbart mein Gesicht. Ich trage einen kastanienfarbenen Anzug, ein schwarzes Hemd und schwarze Schuhe.

Ich reiche ihm die Hand und sage: »Das liegt an meinem Bart und Anzug. Sonst kennen Sie mich wahrscheinlich nur mit Jeans, T-Shirt, Sonnenbrille und Panamahut.« Das war meine sommerliche Alltagskleidung im Hafen.

Ich werde herumgereicht und vorgestellt. Einige Kollegen kenne ich von Fortbildungen.

Nachdem Dottore Mattoni im Garten seiner Villa eine kurze Rede gehalten hat, bittet er zu Tisch. In einem großen Saal hat man eine Tafel hergerichtet. Prunkvolle Kerzenleuchter hängen von der Holzdecke. Barocke Gemälde von Festgelagen und Portraits ehemaliger genuesischer Seefahrer schmücken die Wände. An die zwei Dutzend Gäste sitzen sich an einem langen Tisch gegenüber. Elegant gekleidete Kellner servieren uns Köstlichkeiten der ligurischen Küche. Es ist ein Fest für die Sinne. Als Antipasti reicht man uns mit Fleisch gefüllte Gemüsepasteten, frittierte Sardellen und eine aus Kichererbsen gebackene Torte. Zwischen Weingläsern und silbernen Kerzenständern liegen Grissini und die berühmte »Focaccia Genovese«. An Nudelgerichten können wir zwischen den »Trofiette al Pesto« und »Panzerotti al Sugo di Noci« wählen. Letztere sind mit Käse gefüllte, große Ravioli, die mit einer delikaten Nusssoße serviert werden. Die Kellner drehen ihre Runden und schenken uns die besten ligurischen Weine ein. Zu den Antipasti und den Nudelgerichten trinken wir einen vollmundigen Rotwein der Marke »Rossese di Dolceacqua«, zum Fisch und den Meeresfrüchten einen trockenen Weißwein der Sorte »Pigato di Gavo«. Wir essen gegrillten Lachs und Schwertfisch und kosten Langusten und Krabben, die mit weißen Häubchen bester Mayonnaise garniert sind.

Doch schon vor den Nachspeisen verlasse ich das rauschende Gelage in einem Gefühl der dumpfen Leere. Das hohle Leben dieser »feinen Gesellschaft« ist mir zuwider. Sie sind reich an materiellen Gütern, aber arm an Lebenserfahrungen. Sie stehen nicht im Leben wie die Menschen am Hafen. Sie fühlen nicht mehr ihren Herzschlag pochen und kennen auch nicht das Kribbeln einer ungewissen, abenteuerlichen Zukunft. Ihr Leben läuft auf festen Schienen. Ohne Kursänderung steuern sie ihrem irdischen Ende entgegen.

Ich brauche frische Luft. Ein Kellner will mir ein Taxi kommen lassen. Doch ich ziehe es vor, zum Hafen zu laufen. Imposante Villen verstecken sich hinter hohen Mauern und werfen lange Schatten im Schein des aufsteigenden Mondes. Mit jedem Schritt komme ich meinem Ziel näher. Tief unten tobt das Leben. Auslaufende Schiffe wiegen sich im Wellenmeer, bereit, zu neuen Ufern aufzubrechen. Meine Schritte werden schneller und hastiger, so als ob ich das nächste Schiff verpassen könnte. Himmel und Hölle sind so nah. Oh du glühendes Leben, nimm mich mit, bevor ich mich verzehre! Wilde Natur, führe mich fort zu den unermesslichen Weiten und rauschenden Gestaden!

Wie von Sinnen marschiere ich durch die warme Sommernacht. Im Schweiß meines Angesichts nähere ich mich der Innenstadt. Ich laufe über die Prachtstraße Via Roma, überquere die Piazza dé Ferrari und erreiche über die Via San Lorenzo, schon fast außer Atem, endlich die Zollhäuser des Hafens. Ich passiere die Schranke, und auf einmal fühle ich mich wohler, bin wieder zu Hause. Eine brodelnde Spannung macht sich breit. Hier kann mich der Tod ereilen, aber von hier könnte ich auch ins Paradies segeln. Es riecht nach Abenteuer und Aufbruch. Ich laufe an den beleuchteten Kaimauern entlang. Da liegen die großen und kleinen Kolosse aus Stahl. Die rostige »Miramar« aus Havanna, das riesige Containerschiff »Haarlem« aus New York, ein Walfangboot aus Buenos Aires und am Ende der Kaimauer 7 – schon fast außer Sichtweite – ein kleiner, schmuddeliger Dampfer: die »Mareliso« von den Kapverdischen Inseln.

Reges Treiben herrscht an Bord der »Mareliso«. Im dumpfen Licht werden rechteckige Holzkisten – so lang und breit wie Särge – per Hand auf das Schiff verladen. Jeweils vier kräftige Männer transportieren die Kisten über eine Treppe, bevor sie im Bauch des Dampfers verschwinden. Die Besatzung kommt aus aller Herren Länder: Franzosen, Engländer, Portugiesen, Afrikaner und Chinesen sind dabei. Dieselgestank liegt in der Luft. Rauchschwaden steigen aus beiden Schornsteinen, die wie schwarze Säulen über der Brücke thronen. Warum sind die Motoren schon eingeschaltet? Sollte die »Mareliso« noch heute Nacht auslaufen?

Ein röhrender Lastwagen fährt an der Kaimauer entlang und hält vor der Schiffstreppe. Der Fahrer steigt aus und schiebt seine Baseballkappe in den Nacken. Er zündet sich eine filterlose Zigarette an und grüßt dann per Handschlag einen Herrn Joseph, der wie ich dem regen Treiben auf der »Mareliso« zuschaut. Ich höre englische Wörter, kann aber nicht ausmachen, worüber sie sprechen.

Nach einer Weile öffnet der fette Fahrer den Laderaum seines Lastwagens, der bis obenhin mit Sisalsäcken gefüllt ist. Joseph pfeift seine Handlanger herbei. In kürzester Zeit bilden sie eine Kette und lassen die schweren Sisalsäcke durch ihre Arme tanzen. Die Beschriftung der Säcke ist im schwachen Scheinwerferlicht nur schwer zu erkennen. Ich mache aber ein rotes Kreuz auf weißem Untergrund aus. Und schmunzele. In den düsteren Gesichtern der Besatzung sieht es alles andere als nach einer Seefahrt für einen wohltätigen Zweck aus. Hier reitet der Teufel mit.

Gegen Mitternacht treibt es mich in die Bar Paradiso. Schöne Frauen aus Brasilien und Kolumbien wiegen sich in südamerikanischen Rhythmen und werden von gierig schauenden Männern nicht nur mit Blicken bedrängt. Es riecht nach schwerem Rotwein und Grappa. Rauchschwaden hängen über den besetzten Tischen. Den Seefahrern, Dirnen, Zuhältern, Ganoven und scheinbar ehrbaren Menschen stehen die lasterhaften Ausschweifungen menschlichen Daseins ins Gesicht geschrieben. Die schwülstige Gemeinschaft ist wieder beisammen. Ich erkenne unter anderem den Polizeipräfekten und den Direktor vom Hafenzollamt. Schwitzende Körper stehen dicht gedrängt am Tresen, hinter dem die fettleibige Signora Otilla mit ihren Mädchen das Geschehen kontrolliert. Eine hübsche Chinesin bedient die Gäste. Ihre transparente Bluse ist mit Rosen bestickt. Ich bestelle bei ihr einen halben Liter Rotwein und setze mich an den einzigen freien Holztisch.

Trotz der lauten Musik werde ich Zeuge eines Gesprächs, das sechs Männer am Nebentisch führen. Eine Glühbirne hängt über ihren Köpfen. Auf dem runden Tisch stehen Whiskyflaschen und Krüge voller Rotwein.

Einen der Männer erkenne ich wieder. Es ist Joseph, den ich vorhin an der Kaimauer 7 gesehen habe, als Fracht auf die »Mareliso« verladen wurde. Alle nennen ihn Kapitän. Er hat seine schulterlangen, glatten Haare nach hinten gekämmt. Schwarze, wulstige Augenbrauen dominieren sein verwittertes Gesicht. Er spricht mit langsamer, tiefer Stimme.

»Wir werden morgen Früh in See stechen. Bis dahin ist die »Mareliso« beladen. Der Zielhafen ist Matadi an der Mündung des Kongos. Zwischendurch werden wir verschiedene Häfen an der afrikanischen Küste anlaufen und neue Fracht laden ...«

Bruce, ein blonder Engländer mit tiefblauen Augen und einschüchternden Gesichtszügen, unterbricht den Kapitän. Sein stechender Blick verrät viel Temperament.

»Kapitän Joseph, welche Häfen laufen wir denn an?«

Mit der rechten Hand streicht sich der Kapitän über den schwarzen Vollbart. Dann breitet er eine Seekarte auf dem Tisch aus.

»Unser erster Hafen ist Alexandria in Ägypten, und ich glaube, Sie, Monsieur Arthur«, dabei zeigt er auf einen jungen Mann, »werden uns dort schon verlassen.« Arthur ist anscheinend Franzose. Mit seinen wuscheligen, dunkelbraunen Haaren sieht er aus wie ein rastloser Rebell, der es nie länger als ein paar Wochen an einem Ort aushält. Der Kapitän fährt fort: »Wir bleiben dort nicht länger als zwei Tage und fahren dann entlang der nordafrikanischen Küste nach Tanger.« Dabei bewegt der Kapitän seinen rechten Zeigefinger vom Nildelta durch das Mittelmeer bis an die marokkanische Küste. Ein elegant gekleideter Mann beugt sich nach vorn. Paul, so nennt ihn der Kapitän, holt aus seinem silbernen Etui eine Zigarette hervor und steckt sie sich auf das Mundstück. Er kommt mir vor wie eine Dandyfigur aus dem 19. Jahrhundert. Er sagt: »Endlich betrete ich marokkanischen Boden und kann mich dem Schreiben und Komponieren widmen. Ich brauche diese orientalische Atmosphäre.«

Anscheinend sind die Männer am Tisch nur Passagiere auf der »Mareliso« und wollen früher oder später das Schiff verlassen. Außer dem Kapitän sieht auch keiner so aus, als wären sie länger zur See gefahren. Ihnen fehlt das verwitterte Gesicht, die breiten Schultern und die von harter Arbeit schwieligen Hände. Diese Männerrunde besteht aus intellektuellen Abenteurern, die ihr Glück in der Ferne suchen. Das ist zumindest mein erster Eindruck.

Ich fühle mich diesen Männern verbunden. Ja, fast möchte ich behaupten, dass hier ein kollektiver Aufbruch herrscht, dem ich mich nicht entziehen kann. Wie ein Wassertropfen in die Stromschnellen eines Wasserfalls hineingezogen wird, so bin auch ich auf einmal ohnmächtiger Zeuge meiner unvermeidlichen Abfahrt.

Kapitän Joseph bemerkt schon länger, dass ich ein aufmerksamer Zuhörer der Unterhaltung bin. Er hebt sein Whiskyglas und trinkt mit den Männern auf eine erfolgreiche Reise. Dabei schaut er auch mich an. Sein Zeigefinger schwenkt in den Süden. »Von Tanger aus verlassen wir das Mittelmeer und fahren entlang der mauretanischen Küste nach Senegal. In Dakar gehen wir vor Anker. Hier stoßen Sie, Monsieur Michel«, und schaut auf einen jungen, glatzköpfigen Mann, »auf Ihre Kollegen. Die warten schon auf Ihre Ankunft. Ich habe am Nachmittag ein Telegramm von der Hafenbehörde in Dakar erhalten. Mein Französisch ist lückenhaft. Aber soweit ich den Text verstanden habe, ist alles für die Expedition von Dakar nach Djibouti vorbereitet.«

Nach Djibouti will der gedrungene Franzose. Eine Expedition quer durch den afrikanischen Kontinent? Voller Spannung höre ich weiter zu und bestelle noch einen halben Liter Rotwein. Die Chinesin stellt eine gefüllte Karaffe auf den Tisch. Als Sie sich nach vorne beugt, sehe ich für einen Augenblick ihre zierlichen Brüste. Viel zu schnell ist sie wieder verschwunden.

Auf einmal ist von Ouidah die Rede. Wo liegt Ouidah? Bruce, der Engländer, hat sich wieder ins Gespräch eingeschaltet und erzählt von Benin und einem brasilianischen Sklavenhändler. Es wird immer unheimlicher.

Neben dem Kapitän sitzt ein alter Mann mit Glatze. Er hat bisher noch nichts gesagt. Auf seiner Nase liegt eine Brille mit runden Gläsern. Er wirkt gelassen und in sich ruhend. Als André vom Kapitän gefragt wird, weshalb er bis zur Mündung des Kongo mitfahren will, antwortet er: »Das wird sich herausstellen, wenn ich dort bin.«

Nach einer halben Stunde löst sich die Männerrunde auf. Nur der Kapitän bleibt am Tisch sitzen. Er fragt nach der Rechnung. Ich nutze die Gelegenheit zu einem Gespräch. Der Kapitän ist anfangs misstrauisch und abweisend. Erst als ich ihm erzähle, dass ich in der Villa Rosa als Arzt arbeite und ein freundschaftliches Verhältnis zu Signora Otilla pflege, wird er offener.

»Doctor Kay, was kann ich für Sie tun?«

Endlich komme ich zu meinem Vorhaben.

»Ich möchte morgen Früh mit Ihnen in See stechen. Vielleicht können Sie mich als Schiffsarzt gebrauchen.«

Kapitän Joseph überlegt einen Augenblick.

»Wir könnten schon einen Arzt gebrauchen. Ich kann Sie allerdings nicht bezahlen. Sie bekämen aber freie Kost und Logis in einer Zwei-Mann-Kajüte. Ich könnte Sie bei dem Franzosen Arthur unterbringen. Bis wohin wollen Sie denn fahren?«

Ohne zu überlegen, antworte ich: »Bis zum Ende. Soweit ich mitbekommen habe, fahren Sie bis zur Mündung des Kongos.«

»Das stimmt. Dort wird die Mannschaft wechseln. Auch ich werde von Bord gehen.«

Er trinkt seinen Whisky aus und schaut mir noch einmal in die Augen.

»Sie sind dabei. Kommen Sie morgen Früh um sechs mit Ihrem Gepäck zur »Mareliso«. Sie liegt am Ende der Kaimauer 7. Und seien Sie pünktlich, wir warten nicht.«

Er steht auf, zahlt bei der Chinesin die Rechnung und verlässt die Bar. Ich zahle bei Signora Otilla meine Zeche und erzähle ihr von meiner bevorstehenden Abreise. Sie soll mich um fünf wecken. Um diese Zeit schließt sie auch ihr Etablissement.

Signora Otilla wischt sich mit ihrem rechten Unterarm über die Stirn und fragt etwas verwundert: »Und wann kommen Sie zurück? Was soll ich denn Ihren Praxisgehilfinnen Signora Pazienza und Signorina Bertini sagen?«

Ich versuche sie zu beruhigen. »Machen Sie sich keine Sorgen. Ich werde nicht mehr als zwei Monate unterwegs sein. Meine Angestellten können die Praxis in meiner Abwesenheit schließen und in die Ferien fahren. Sie haben es ohnehin verdient. Ich werde sie noch in einem Brief über alle Einzelheiten aufklären. Die Vorauszahlungen für Wasser, Strom und Miete gebe ich Ihnen morgen Früh. Für zwei Monate versteht sich.«

Zwei Monate, welch eine Lüge. Aber ich kann in dem Augenblick nicht sagen, was meinem Gefühl entspricht. Dass es ein Abschied für lange, vielleicht für immer ist.

Ich gehe in meine Wohnung. Still stehe ich im dunklen Wohnzimmer und frage mich, auf was ich mich da eingelassen habe. Aber der Drang zum Aufbruch ist unermesslich. An einem gewissen Punkt angelangt, gibt es kein Zurück mehr. Und dieser Punkt ist erreicht.

Ich hole aus dem wuchtigen Eichenschrank im Wohnzimmer meinen Schweizer Militärrucksack hervor. Es ist derselbe wie damals auf meiner Fahrt von Köln nach Genua. Und ich nehme auch dieses Mal nicht mehr Gepäck mit als vor einem Jahr. Ich öffne den Safe hinter dem Eichenschrank und nehme das Bargeld heraus. Es sind an die 5.000 Dollar in bar. Als ich alles gepackt habe, setze ich mich an den Küchentisch und schreibe einen langen Brief an Signora Pazienza und Signorina Bertini. Ich schreibe von meiner vorzeitigen Abreise und der Dringlichkeit, für einige Wochen als Schiffsarzt zu arbeiten. Ich erwähne auch, dass sie die Patienten im Notfall an meinen Kollegen Dottore Massimo verweisen sollen. Zum Schluss lege ich meinen Praxisgehilfinnen Urlaubsgeld ins Couvert. An Dottore Massimo schreibe ich auch noch ein paar Zeilen.

Dann gehe ich ins Bett. Aber ich kann nicht mehr einschlafen. Ich ziehe mir den Bademantel über und lege mich auf die Couch ins Wohnzimmer. Bei Kerzenschein trinke ich noch einen Whisky und lege eine Schallplatte auf das Grammofon. Es ist die Fünfte Symphonie von Gustav Mahler. Als die schwermütige romantische Musik des Andagetto das Wohnzimmer erfüllt, scheint es mir, als ob dieses Werk den schmerzvollen Weg einer Seele nachzeichnet, die zerrissen war zwischen dem Empfinden ihrer Endlichkeit und dem Verlangen nach dem Absoluten; immer wieder schwankend zwischen dem Bewusstsein ihrer Ohnmacht und der

Gewissheit, dass nichts die Sehnsucht nach der Göttlichkeit im Herzen des Menschen auszulöschen vermag.

Es ist noch stockdunkel, als Signora Otilla an die Tür klopft. »Si, si, Signora. Ich bin wach, grazie«, murmele ich mit verkatertem Kopf. Die Schallplatte dreht sich noch auf dem Grammofon. Ich ziehe mich an, schultere meinen Rucksack und verlasse die Wohnung. Ich gebe Signora Otilla das Geld für die Miete, die Briefe sowie den Wohnungsschlüssel, damit sie in meiner Abwesenheit die Blumen gießen kann. Mehr ist nicht zu tun. Ich küsse sie auf die Wange und schlendere dann den Kai entlang.

Der Morgen bricht durch, als ich die Schiffstreppe der »Mareliso« erreiche. Noch immer wird Fracht geladen. In dem Gewirr sehe ich den Kapitän pfeiferauchend an der Reling stehen. Er begrüßt mich kurz und verweist mich dann an den Unteroffizier, einen Senegalesen, der mir meine Kajüte zeigt. Wir steigen rostige Treppen hinunter, vorbei an Kartoffelsäcken, Kisten voller Reis und Konserven, bis wir die Kajüte neben dem Maschinenraum erreichen. Arthur ist schon da. Seinen Koffer hat er auf das obere Bett gelegt. Er sitzt an einem Tisch und schreibt. Ich stelle mich kurz vor, lege meinen Rucksack auf das untere Bett und gehe dann wieder nach oben.

Noch habe ich Zeit, mir ein ruhiges Plätzchen an Deck zu suchen. Zwischen zwei Rettungsbooten setze ich mich auf ein Drahtseil und zünde mir eine Zigarette an. Die letzten Gepäckstücke werden an Bord gehievt. Man ist schon dabei, die Schiffstreppe aus der Verankerung zu heben und die ersten Taue an der Kaimauer zu lösen.

Genua erwacht langsam an diesem frühen Sommermorgen. Es sieht alles so ruhig und friedlich aus. Eine Vorahnung durchflutet meine Seele. Ist diese Reise der Anfang eines neuen Abenteuers? Mit laufenden Motoren machen wir uns auf zu den Gewässern der ewigen Sumpfväter. Auf zu den infernalischen und paradiesischen Ufern Afrikas. Bevor ich mich dem Rauschen der See hingebe, hole ich aus meiner Hosentasche die kleine Holzschachtel hervor. Und mir scheint, als würde die in Watte gehüllte Kröte zum Leben erwachen. Sie ist wie neugeboren, denn sie weiß, dass ihr Zeitalter angebrochen ist.

Die »Mareliso« hat abgelegt.

Ich bin bereit, von Europa Abschied zu nehmen. Für lange Zeit, vielleicht für immer. Die Antwort steht in den Wellen geschrieben, die sich in dem auslaufenden Fahrwasser kräuseln. Langsam gleitet die »Mareliso« aus dem Hafen und steuert in tiefere Gewässer. Schon bald sind auch die großen Öltanker hinter uns, die draußen vor Anker liegen und darauf warten, im Hafen gelöscht zu werden. An diesem Morgen ist die See ruhig. Eine leichte Brise weht mir entgegen. Es ist alles so herrlich und weit. Die klare Luft, der beginnende Tag, der Aufbruch in eine ungewisse Zukunft. Eine Zukunft voller Hoffnungen und Sehnsüchte.

Ein Schwarm Mauersegler macht sich am Himmel breit und folgt unserem Kielwasser. Schon bald haben sie uns eingeholt, und mir scheint, als würden sie die Richtung angeben. Südlichen Kurs halten und in die Tiefe des Schwarzen Kontinents eintauchen.

Epilog

Warum ich dieses Buch geschrieben habe:
Es war in der Woche vom 21.02. – 27.02.97, als ich mit Lorenzo, einem italienischen Freund, die Rwenzori-Berge durchwanderte. Dieses gewaltige Faltengebirge liegt zwischen Uganda und der Demokratischen Republik Kongo. Die schneebedeckten Gipfel des über 5000 m hohen Stanley-Massivs waren noch sichtbar, als wir nach einem langen Tagesmarsch die Kitandara-Hütte erreichten. Erschöpft schlief ich am frühen Abend vor dem Kamin ein. Mitten in der Nacht wachte ich auf. Es war bitter kalt in der Hütte. Das Feuer war ausgegangen. Ich kroch in meinen Schlafsack und versuchte weiterzuschlafen. Es ging nicht mehr. Anscheinend machte mir der Sauerstoffmangel auf über 4000 Meter Höhe zu schaffen. Trotz der Kopfschmerzen versuchte ich bei Kerzenlicht zu lesen. Ich hatte sie dabei, die Reiseschriftsteller: Prosa von Conrad, Chatwin und Gide. Ihre Bücher waren mir vertraut. Sie schrieben von Sturm und Drang, Wander-, Abenteuer- und Reiselust. Aber ich konnte mich in dieser Nacht für keinen entscheiden. Nicht eine Seite habe ich aufgeschlagen.

Die Zeit verging. Ich lag wie ohnmächtig in meinem dicken Schlafsack, der mir vorkam wie eine Zwangsjacke. Auf einmal richtete ich mich auf, riss den Reißverschluss auf, zog mich an und setzte mich vor die Hütte. Als ich in die sternenklare Nacht schaute, reifte in mir der Entschluss, auch ein Buch zu schreiben. Ich erkannte in diesem Augenblick, dass ich meine Erfahrungen, aufgestauten Gefühle, inneren Konflikte, wirren Fantasien, Träume und Sehnsüchte von der Seele schreiben musste.

Acht Jahre später:

Je mehr ich meine Vergangenheit aus dem Unterbewusstsein ins Bewusstsein hervorholte und zu Papier brachte, desto klarer wurde mir, wer ich bin. Es war ein reinigender Prozess. Ich wurde mir auch bewusst, dass ich nicht nur beim Lesen der Reiseschriftsteller, sondern auch beim Schreiben meiner Einsamkeit entfliehen konnte. Das gab mir die Möglichkeit, von Menschen zu erzählen, die ähnlich fühlten wie ich.

Wie die Anspannung und Entspannung des Herzmuskels meinen Puls ausmachen, so sind auch die Ruhe und Rastlosigkeit ein unabdingbarer Bestandteil meiner Persönlichkeit.

Auf der Wanderung durch die Rwenzori-Berge hatte ich ein sehr befreiendes Gefühl. Mit jedem Schritt kam ich meinem Ruhepol näher. Ich fühlte mich klarer und ausgeglichener. Dieses Phänomen habe ich später auch anderswo erlebt.

Wenn ich auf einem Schiff reise und die Küste an mir vorbeiziehen lasse, lösen sich meine Gedanken. In solchen Momenten wird mir bewusst, dass ich mich auf einer lebenslangen Durchreise befinde, auf der Geburt und Tod den zeitlichen Rahmen vorgeben. Diese Reise ist voller Begegnungen, Erlebnisse, Gefühle, Sehnsüchte, Träume, Mythen, Fantasien, Wahrheiten und Unwahrheiten. Oft kommt mir diese Durchreise wie eine Schifffahrt vor. Ein Schiff, das in vielen Häfen anlegt, aber letztendlich immer wieder die Fahrt aufnimmt und unbekannte Gewässer ansteuert.

Köln, Mai 2005

Bildnachweis

Seite 18	Flug über die sudanesische Wüste; Foto: Kay Schaefer
Seite 27	Mauersegler im Flug; Foto: Eric A. Soder / pixsource.com
Seite 29	Jebel-Marra-Vulkane in Darfur, Sudan; Foto: Kay Schaefer
Seite 54	Blick auf das Rift Valley in Kenia; Foto: Ulrike König
Seite 64	Während der Untersuchung von Kala-Azar-Patienten in Baringo, Kenia; Foto: Alexandra Karle
Seite 66	Sicht von der Veranda meines Hauses auf den Baringosee, Kenia; Foto: Kay Schaefer
Seite 101	Moschee von Djenné, Mali; Foto: Zirbel Nolte
Seite 108	Falaise de Bandiagara, Mali; Foto: Gitta Castelanelli
Seite 122	Kröte; Foto: Helmut Buchen
Seite 150	Vogel-Mensch-Kröte-Projekt in Zusammenarbeit mit Max Benz; Foto: Helmut Buchen
Seite 153	Hyäne-Stier-Projekt in Zusammenarbeit mit der Firma Moch, Köln; Foto: Stephan Fengler
Seite 161	Junger Mauersegler; Foto: Petra Hartmann
Rückseite	Kay Schaefer; Foto: Alexandra Karle

Danksagung:

Ich möchte mich für die Korrekturen bei Leo Linder, Roberto Castello, Alexandra Karle, Oliver und Rudolf Liesenfeld, Vera und Zirbel Nolte, Heiko Thomas, Björn Theis und Adrian Schlag bedanken. Ferner gilt mein Dank Lorenzo Leoncini in Cagnano, Elisabetta Galluzzi und Gemma Borelli in Florenz, sowie Yoni Waite in Lamu, deren Zuhause mir die Ruhe zum Schreiben gegeben hat. Bei der Gestaltung der Karten half mir Steven Purnell. Für das Layout/Design war Helmut Malzkorn verantwortlich.